LE MARIAGE DES PRÊTRES,

OU

RÉCIT de ce qui s'est passé à trois Séances des Assemblées générales du District de Saint Etienne-du-Mont, où l'on a agité la question du Mariage des Prêtres,

AVEC LA MOTION PRINCIPALE,

ET

Les Opinions des honorables Membres qui ont appuyé la Motion.

Publié au profit des pauvres Ménages du District de Saint Etienne-du-Mont.

1790.

EXTRAIT

DES Séances des Assemblées générales du District de Saint Etienne-du-Mont, du 27 Novembre, 4 & 11 Décembre,

RELATIVEMENT A LA MOTION

DU MARIAGE DES PRÊTRES.

LE 27 Novembre, M. de la Mothe, Volontaire de la Garde Nationale, lut une Motion très-bien motivée, dont les conclusions étoient que le District de Saint Etienne-du-Mont émit son vœu pour que les Ecclésiastiques fissent en personne le service de la Garde Nationale. M. de la Mothe exceptoit les Curés & les Vicaires.

M. l'Abbé de Cournand, Professeur de Littérature françoise, au Collège Royal, arriva pendant la lecture de la Motion. Persuadé sans doute que la Cité ne pouvoit avoir de plus sûrs défenseurs que ceux qui lui sont attachés par tous les liens de la société; il proposa pour amendement, qu'il *fut permis aux Ecclésiastiques de se marier.*

En effet, si l'on peut regarder comme impolitique d'avoir pour ainsi dire exigé le célibat des Militaires, pour en faire les défenseurs de l'Etat, il seroit bien plus impolitique d'incorporer dans l'Armée Citoyenne des hommes auxquels les

A 2

qualités de père & d'époux font interdites par une puiffance ultramontaine.

Cette confidération n'eft point échappée à M. le Tellier, Capitaine de la Garde Nationale, & Notable-Adjoint du Diftrict de Saint Etienne-du-Mont; auffi a t il fortement appuyé l'amendement propofé. Selon lui, la Garde Nationale n'eft point une armée deftinée à l'attaque; c'eft une affocia-tion formée pour maintenir l'ordre, la fûreté, la tranquillité des foyers; les vieillards, les femmes & les enfans peuvent feuls être difpenfés du fer-vice perfonnel de la garde de la Cité.

M. de Vauvilliers a combattu cette Motion & l'amendement par des moyens puifés, felon lui, dans les Loix de l'Eglife. Il s'eft appuyé de l'au-torité des Livres faints, interprêtés à fa manière, & des Conciles, dont les moins anciens militoient en quelque forte pour lui. Mais le rapprochement qu'il a fait de l'état eccléfiaftique à celui des Saints & des Anges, n'a fait que rendre plus fenfible la différence de ce que font les Eccléfiaftiques de nos jours avec ce qu'ils étoient dans les premiers fiècles de l'Eglife, où en leur permettant le ma-riage, on exigeoit d'eux moins de perfection, & on en obtenoit beaucoup plus.

M. Maindouze, Lieutenant de la Garde Natio-nale, a réfuté M. de Vauvilliers par des citations qui tendoient à prouver que les Apôtres & les Pères de l'Eglife n'avoient pas vécu dans cette chafteté angélique dont venoit de parler M. de Vauvilliers.

M. l'Abbé de Cournand a développé fa Motion, & non content de pofer en fait que nulle loi de l'Eglife, nul vœu ne s'oppofoit à ce que les Prêtres

se mariaffent ; il a démontré avec beaucoup d'éloquence que l'intérêt public, celui des bonnes
mœurs, celui de la Religion s'uniffoient pour appuyer fa réclamation contre l'ufage où les Eccléfiaftiques étoient de ne fe point marier.

Quelqu'un ayant foutenu que la motion de
M. de la Mothe, pour que les Eccléfiaftiques fiffent
le fervice perfonnel de la Garde Nationale, étoit
fans objet, puifque l'auteur de la Motion en dif-
penfoit les Curés & les Vicaires, a conclu que fur
cette Motion, ainfi que fur l'amendement, il n'y
avoit lieu à délibérer. L'abolition du célibat des
Prêtres, a-t il ajouté, fera néceffairement agitée
par l'Affemblée Nationale, puifque la demande
en eft portée dans quelques Cahiers ; il faut donc
attendre ce que l'Affemblée Nationale décidera.

Les Cahiers de la ville de Paris, ceux du Diftrict
où cette Motion vient d'être faite, a t-on répondu,
ne contiennent point cette demande, il eft vrai :
mais les circonftances ont tellement changé depuis
la confection de nos cahiers, qu'il ne peut nous
être interdit d'y ajouter un article auffi important.
La Motion doit être ajournée. On s'eft fait infcrire
pour l'ajournement, au Vendredi fuivant.

Séance du 4 Décembre.

Le 4 Décembre, MM. le Tellier, Gueroult,
MM. l'Abbé Champagne & Moynat ont eu la
parole. L'Affemblée étoit fort nombreufe, fort
tumultueufe; l'ordre du jour a été coupé par diverfes
Motions ; c'eft avec beaucoup de peine que M.
Jacquinot, Préfident du Diftrict, eft parvenu à

remettre le calme. Enfin M. le Tellier a commencé par développer les motifs des deux questions précédentes.

Messieurs, s'est-il écrié, M. de Vauvilliers qui voit les Ministres des Autels comme il désiroit qu'ils fussent, nous a dit qu'ils devoient ressembler à des Anges; en les voyant comme ils sont, vous trouverez pourtant qu'ils ne ressemblent que trop à des hommes; pourrions-nous leur en faire un crime? Ils sont hommes comme nous, chacun de nous porte en son cœur le sentiment de sa foiblesse; & si nous ne sommes pas toujours assez forts pour triompher de nos penchans, lorsqu'ils nous portent à violer les loix de la raison, les loix même de la justice; exigerions-nous que des hommes luttassent pendant 40 années contre la nature? Non Messieurs, nous ne l'exigeons pas, & pourquoi l'exigerions-nous? de quelle utilité enfin le célibat ecclésiastique est-il à la société?

On vous a dit, Messieurs, qu'il falloit bien qu'il restât une classe d'hommes particuliérement voués au soulagement des malades, à la consolation des affligés, à la paisible fonction de médiateurs, de pacificateurs. J'invoque, pour combattre cet argument, un Auteur profane, un Poëte; & j'en demande pardon à M. de Vauvilliers, qui a voulu nous faire entendre que l'Ecclésiastique, Auteur de la Motion, parfaitement versé dans la connoissance des Poëtes, ne l'étoit peut-être pas assez dans celle des Canons de l'Eglise, ou dans celle des Conciles. Je n'ai retenu des Poëtes que quelques vers de sentiment; je cite celui-ci, où le sentiment s'accorde avec la raison:

Qui ne sait compâtir aux maux qu'il a soufferts?

Oui, Messieurs, les vrais, les seuls consolateurs, les utiles médiateurs, les pacificateurs écoutés, sont les hommes qui puisent leurs consolations, leurs exhortations dans leur propre cœur, les hommes qui ont éprouvé les peines, souffert les maux qui nous affligent, qui ont senti les traits de la douleur qui nous perce, & supporté les fardeaux qui nous accablent : ils savent, ceux-là, pleurer avec nous.

Chacun a sa profession, nous a dit encore M. de Vauvilliers. Concevez-vous, Messieurs, ce que seroit une profession de consolateurs ? Nous savons qu'il est des professions où le cœur de l'homme s'endurcit, & cela vient de l'habitude de les exercer journellement ; mais il n'est point dans la nature de prendre l'habitude de s'attendrir. Les Comédiens se font le masque de leur rôle, & rient dans la coulisse de ceux mêmes qu'ils viennent de faire pleurer : mais c'est votre compassion qu'ils développent, & non la leur. Qui jamais a mandé un Comédien pour le consoler ?

Je n'insisterai point davantage sur cette réfutation, dans la crainte qu'elle ne conduisît quelqu'un à trouver quelque ressemblance entre une profession qui n'a peut-être pas de plus grand reproche à essuyer que celui d'être un mensonge continuel, & la profession de vérité qui rend les Ecclésiastiques si respectables.

Gardons-nous, Messieurs, de laisser perdre à la vérité le droit qu'elle a, le droit qu'elle ne peut cesser d'avoir que chez un Peuple dépravé, celui d'attirer nos hommages & nos respects ; & afin que la vérité ne soit point confondue avec le mensonge, & la piété avec l'hypocrisie ; pour que nous ne soyons plus exposés à prendre le masque pour le visage, distinguons, desirons, demandons que l'on distingue les vrais Pasteurs de l'Eglise de ces nuées de faux célibataires, qui n'ont que l'habit de leur état, & non les qualités & les vertus que cet état exige.

Mais, faut il les condamner à faire le vœu anti-social, anti patriotique du célibat, c'est-à-dire, de nullité, de stérilité absolue, semblables à ces friches honteuses, qui couvrant une terre ingrate, ou qui attestent l'ignorance & la paresse de ceux qui les possèdent ? Tout fleuriroit, tout fructifieroit autour d'eux, tout jouiroit & feroit jouir ; eux seuls, tristes frélons, nourris d'un miel qu'ils n'auroient point composé, eux seuls...... mais j'interroge en vain la raison & la loi ; je ne trouve aucun motif, aucun prétexte même qui puisse autoriser le célibat des Ecclésiastiques.

Leur vœu de chasteté, s'ils en font ; si l'on est plus chaste dans la célibat que dans le mariage, si.... si....; leur vœu de chasteté, dis je, ne fait-il pas de tous des victimes ou des parjures ?

Fidèles à ce vœu, leur sacrifice est inutile ; personne ne leur en fait gré sur la terre, & ils désobéissent à Dieu qui a dit à ses créatures : *croissez & multipliez*. Ils s'isolent contre la disposition expresse de cette autre parole sacrée : *il n'est pas bon que l'homme soit seul*. Infidèles à leur vœu, ils font les causes du scandale & des désordres de la société.

Animés d'un véritable zèle pour la gloire de la religion, pour la réforme des mœurs, l'exemple qu'ils pourroient donner des vertus sociales & patriotiques, aussi bien que des vertus chrétiennes, à l'usage du Peuple, ne seroit-il pas plus puissant que leurs exhortations verbales ? & s'ils devenoient les meilleurs Citoyens, les meilleurs époux, les meilleurs pères, la Religion n'auroit-elle pas des Apôtres plus perfuafifs, des fujets plus fidèles, & des profélytes plus nombreux, la Nation de meilleurs patriotes ?

Les Miniſtres de l'Egliſe devroient être des anges. Mais quand ils en auroient les qualités, ces anges font mortels, & plus ils excelleroient en vertus, plus la Patrie devroit defirer de voir fe perpétuer une race d'hommes iſſus de leur fang, imbus de leurs leçons, formés fur leurs exemples. C'eſt alors que les hommes de tout état & de tout rang s'empreſſeroient de pourvoir à l'honorable ſubſiſtance des Miniſtres des Autels, à celle de leur famille, à l'établiſſement de leurs enfans, ou plutôt, comme il importe à la dignité du caractère des Apôtres de la morale, que leurs fervices foient gratuits, & que le pauvre auſſi-bien que le riche jouiſſe également des bénédictions céleſtes, les adminiſtrations de Département & de Municipalité mettroient au rang des engagemens facrés, des dettes inviolables, le tribut de la reconnoiſſance publique pour les foins paſtoraux des Miniſtres des Autels.

Je n'aurois rien de plus à dire, ſi je ne croyois entendre une voix qui murmure, & qui dit: nous convenons que l'état eccléfiaſtique a befoin d'une réforme inſtante & prochaine fur l'article du célibat; mais il n'y a qu'un Concile... J'interromps cette voix, & je demande ce que c'eſt qu'un Concile. C'eſt une aſſemblée d'ariſtocrates (1) ; car il faut

____

(1) Le Concile de Londres, en 1075, défendit par fon Vᵉ Canon, à toutes perfonnes, à l'exception des Evêques & des Abbés, de parler dans les Conciles fans la permiſſion du Préſident.

bien se garder de confondre l'esprit dominant d'un ordre avec les sentimens & les intérêts du plus grand nombre de ses membres ; rien n'est plus différent.

Par exemple, l'esprit dominant d'un Gouvernement aristocratique, est de concentrer l'autorité dans un petit nombre de mains. Les grands dignitaires de l'Eglise n'ont de commun avec ce qu'ils appellent le bas Clergé, que le vœu anti-social, anti-patriotique de chasteté.

Il n'y a *qu'un Concile !* eh quoi ! s'agit-il de réformer le dogme ? non ; mais la Discipline & l'Administration du Clergé ; & assurément, ces objets dépendent du Concile de la Nation, de l'Assemblée Nationale.

Je conclus donc, Messieurs, que vous nommiez quatre Commissaires, chargés de présenter au Comité des Rapports, le vœu du District pour l'abolition du célibat Ecclésiastique.

A ce discours, que les Abbés du District de Saint-Etienne-du-Mont n'ont point permis d'achever, a succédé la lecture que M. Guéroult, Professeur de Rhétorique au Collége des Grassins, a faite d'un Précis des autorités, à l'appui de la Motion de M. l'Abbé de Cournand. Celle de l'Abbé de Saint Pierre n'étoit pas faite pour être négligée ; mais le calcul d'accroissement de population, considération politique peu importante pour Messieurs les Abbés, même pour ceux dont le casuel est l'unique revenu ; ce calcul, dis-je, leur a servi de prétexte pour prolonger des ris perturbateurs ; M. Guéroult avoit puisé dans d'autres sources ; une voix s'est élevée ; *c'est l'Encyclopédie qu'on nous lit,* s'est-elle écriée.

Il nous a femblé entendre l'écho de l'Abbé Mauri ;
M. Guéroult a repliqué que les faits ne pouvoient
fe puifer que dans les livres ; & il a tellement
accablé les Abbés, & les échos d'Abbés, de
citations, de faits confignés dans les livres ref-
pectables pour les Abbés mêmes, que la plus
grande partie de l'Affemblée a manifefté fa fatis-
faction, & impofé filence à la partie turbulente.

Il ne reftoit aux Abbés que la reffource de
nier les faits & les citations ; ils ont demandé que
le difcours de M. Guéroult fut dépofé fur le
Bureau. Nous le donnerons à la fuite de ce récit,
comme formant l'opinion de cet honorable Membre, afin que le public foit Juge entre le digne
& eftimable Profeffeur des Graffins, & les petits
Abbés qui, ne paroiffant prefque jamais au Diftrict,
s'étoient attroupés ce jour-là, de tout le quartier
latin.

M. l'Abbé Champagne, qui a parlé après
M. Guéroult, n'a point refuté les faits, les autorités,
les citations, les raifonnemens des préopinans ;
il s'eft borné à dire que les queftions propofées
à la décifion du Diftrict étoient trop fupérieures
aux lumieres du plus grand nombre des Membres
qui le compofoient, pour qu'elles puffent y être
agitées : le Clergé, a-t-il dit, les publiciftes &
les légiflateurs ont employé des fiècles à difcuter
ces queftions profondes, le Concile de Trente y
a confacré fix mois de fon tems. (Il n'a pas
ajouté que les plus favans & les plus faints Prélats
avoient été pour l'affirmative) & vous voudriez,
Meffieurs, trancher légèrement un nœud fi difficile ?
que fera donc, a-t-il ajouté, l'Affemblée Nationale ?

M. l'Abbé Champagne a conclu qu'il n'y avoit lieu à délibérer.

M. Moynat, qui s'étoit fait inscrire pour soutenir la Motion de M. l'Abbé de Cournand, & qui avoit appuyé son sentiment d'un calcul d'accroissement de population, n'auroit pas trouvé les Abbés plus disposés à saisir ce moyen, s'il n'avoit ajouté une considération aussi importante qu'ingénieuse. L'Eglise, a t-il dit, s'est de tout tems fait un devoir d'augmenter le nombre des Fideles. Ses Missionnaires ont parcouru les deux mondes pour y planter la Croix, & pour conquérir des ames. Eh bien, l'abolition du célibat des Prêtres, en multipliant le nombre des sujets de l'Etat, multiplieroit aussi le nombre des Chrétiens. Ne croyez-vous pas, a-t-il ajouté, que les Ecclésiastiques fissent moins éclater leurs vertus dans le mariage que dans le célibat ? & ne pourroient ils pas substituer l'exercice de la patience que les contradictions de l'état du mariage exigent, à la stérile vertu de s'abstenir du commerce des femmes ? Cette saillie à laquelle beaucoup de maris applaudirent, interrompit le discours de M. Moynat. Il le reprit en refutant ce que M. l'Abbé Champagne avoit dit sur la difficulté de saisir aussi rapidement toutes les faces d'une question aussi compliquée. C'est précisément, dit-il, parce que les publicistes s'en sont occupés pendant des siecles, & les Conciles, des mois entiers, que toutes les faces de la question sont connues, & que nous sommes plus en état de manifester notre vœu.

M. Moynat auroit pû ajouter que les derniers siecles, les tems postérieurs aux Conciles, avoient considérablement augmenté le poids des motifs qui, déjà dans les tems reculés, avoient tenu si long tems suspendue la balance des décisions du Clergé. Il auroit pû dire que si les querelles Théologiques, si l'intérêt de la Cour de Rome, si celui des Prélats, si des vues politiques, relatives à la conservation des biens temporels du Clergé, si les considérations du maintien des Ordres Monastiques, & des Congrégations Séculieres, si l'ignorance des peuples, si la crainte de la propagation des erreurs de Luther & de Calvin, si la superstition, le fanatisme, le jansénisme, le molinisme, le judaïsme & le jésuitisme enfin avoient pû alors faire hésiter sur une pareille question, rien de tout cela ne sembloit devoir s'opposer aujourd'hui à ce que le vœu de la nature & le vœu de Dieu, ne fussent remplis pour les Prêtres, comme pour les autres Citoyens.

M. Moynat, sans doute, étoit fort capable de donner à ces considérations tout le développement qu'elles méritent; mais il y avoit un trop grand nombre d'Abbés, pour qu'il lui eut été possible de s'expliquer avec ordre, & sans être mille fois interrompu. Il faut bien renoncer à parler à ceux qui font la sourde oreille pour ne pas entendre, & qui crient à tue tête pour empêcher les autres d'être entendus. M. Moynat a conclu en faveur de la Motion. Nous donnerons son opinion à la suite de ce récit.

La parole est arrivée à M. Roucher, Auteur du Poëme des Mois & Ex-Président du District.

M. Roucher s'est excusé de la prendre, en disant qu'il croyoit la question trop importante pour la traiter fans s'y être préparé. Il a demandé l'ajournement. M. Bayard avoit la parole après lui ; mais il n'a point manifefté fon opinion, & comme Meffieurs les Abbés étoient preffés par l'heure du dortoir, voyant qu'ils ne pouvoient faire ajourner à fix mois, ils fe font retirés, & l'ajournement a été fixé à huitaine.

Dernière Séance du 11 Décembre.

J'ai dit ou j'ai dû dire, que dans la premiere Séance, où les Motions avoient été propofées & agitées, elles avoient été bien accueillies, que la propofition de convoquer fpécialement les Eccléfiaftiques avoit été rejetté : cette propofition avoit été faite par un Avocat. On pouvoit préfumer qu'il n'étoit pas de l'avis des Auteurs des Motions ; mais comme il n'avoit développé aucun de fes moyens pour les combatrre, les Abbés ont cru devoir fe mettre en force par le nombre des voix, à défaut de raifons folides : auffi dans la feconde Séance, a-t-on pu s'appercevoir qu'ils avoient déja un nombreux parti. C'eft grace à leur cabale, que MM. le Tellier & Guéroult n'avoient pû fe faire entendre : peu s'en étoit fallu que l'ajournement ne fut remis à fix mois, malgré la voix tonnante de l'Ex-Préfident Roucher, qui, marchant toujours, comme il le dit, en préfence de fa confcience & de la loi, prétendoit avec raifon que l'Affemblée pouvoit bien ajourner à un terme plus court que la huitaine, mais non à un terme plus long, puifqu'il n'y avoit aucun ajournement antérieur.

A la huitaine, donc, Messieurs Bayard, Avocat, & Roucher, Auteur des Mois, avoient la parole. Jamais Auditoire plus nombreux n'avoit garni les bancs de l'amphitéâtre de Navarre où se sont tenues les trois fameuses Séances, depuis que le District de Saint-Etienne-du-Mont a adopté cette salle. Des personnes étrangères au District étoient accourues de différens quartiers de Paris, & s'étoient glissées parmi celles qui avoient droit de voter. On prétend même que beaucoup d'Ecclésiastiques étoient de ce nombre.

Le Preux Avocat s'étoit muni d'autorités imposantes; il avoit apporté dans sa poche des volumes de Mably & de Montesquieu. Je mettrai, dit-il, les Auteurs des Motions bien à leur aise; je ne contesterai point les faits qu'ils ont avancés; je ne combattrai point leurs argumens. Je me borne à démontrer qu'il seroit impolitique & dangereux même dans ce moment,ci; que l'Assemblée Nationale s'occupât de réformes dans la discipline Ecclésiastique. Le Clergé, a-t-il dit, est encore tout meurtri des coups qui viennent de lui être portés; pourquoi lui donner le prétexte de lier la cause des objets spirituels avec celle des objets temporels, & d'effrayer les peuples sur le sort de la religion ? Rien, a-t-il ajouté, n'est plus cher aux hommes que leurs opinions, & les opinions religieuses sont d'autant plus chères aux dernieres classes du peuple que l'espoir d'un heureux avenir est leur unique consolation (1).

____

(1) Qui songe, M. Bayard, à ôter aux malheureux l'espoir d'une autre vie ? qui songe à nier l'existence de l'ame ? en déclarant que les biens du Clergé sont à la disposition de la

Pour appuyer son raisonnement & en venir à la Coutume favorite du Barreau, qui est de ne point conclure, M. Bayard a lu plusieurs passages du livre de l'Abbé de Mably, connu sous le nom de *Considérations sur l'Histoire de France* : Cet Abbé auquel on a fait l'honneur de le regarder comme le prophête de la Révolution, parce qu'il a dit que la guerre des Ministres avec les Parlemens finiroit par une tenue d'Etat-Généraux qui réuniroient le pouvoir des Parlemens & des Ministres ; cet Abbé, dis-je, ajoute à sa prophétie, que si la Nation se laissoit entraîner jusqu'a réformer les abus du Clergé, en même tems que ceux du Ministère & de la Magistrature, elle échouroit pour avoir trop entrepris à la fois. M. Bayard ne s'est pas contenté d'inspirer cette crainte ; il a cité Montesquieu, pour prouver que des loix antiques ne devoient point être changées sans les plus grandes précautions, le plus grand appareil : le Peuple doit apprendre par là combien les loix sont respectables, puisqu'il faut tant de cérémonies pour les changer.

Eh bien, l'Assemblée Nationale peut accompagner son Décret pour l'abolition du célibat des Prêtres, de toutes les cérémonies qu'elle voudra ; elle n'en sera pas plus auguste ; car rien n'est plus auguste qu'elle : mais M. Bayard sera satisfait. J'ajoute que si Montesquieu, homme supérieur au tems où il a vécu, existoit aujourd'hui, il ne seroit point de l'avis de M. Bayard ; & j'en conclus que

---

Nation. L'Assemblée Nationale a suivi les vœux, suivi les intérêts du Peuple ; en mariant les Ecclésiastiques, elle achévera, elle complettera son ouvrage. Il n'y a point, il ne peut y avoir d'état plus agréable à Dieu que celui de père de famille.

M.

M. Bayard n'est point un homme supérieur au tems où nous vivions ; car tout est relatif.

M. Bayard a conclu qu'il n'y avoit lieu à délibérer, ce qui a été fort applaudi par les petits Abbés, & les petits Montesquieu.

M. l'Ex-Président Roucher s'est alors présenté. On a cru d'abord, à sa tête haute & à cet air d'inspiré que lui donne sa bouffante chevelure, qu'il alloit parler d'abondance ; mais il avoit aussi fait son cahier. Messieurs, a dit l'Auteur des Mois, vous avez à prononcer sur deux questions : la premiere est de savoir si les Ecclésiastiques prendront le *harnois* militaire. Le mot *harnois* a provoqué les ris & les huées ; M. Roucher les a supportés, & s'est repris en disant : nous avons, Messieurs, à décider si les Ecclésiastiques substitueront l'habit militaire à la *livrée* sacerdotale : Nouveaux ris, & nouvelles huées : M. Roucher s'est repris encore, & a dit : les Ecclésiastiques prendront-ils l'habit militaire en quittant la robe sacerdotale ? premiere question. Les Ecclésiastiques se marieront ils ? seconde question. Je vais les traiter séparément. Alors M. Roucher a obtenu silence, & sur la premiere question, il a pensé que les Ecclésiastiques ne dévoient point porter l'habit militaire, parce qu'ils contracteroient bientôt l'*attitude* de cet habit. M. Roucher a prétendu que les anciens avoient distingué le costume des Pontifes de celui des Guerriers : il n'a pas nié cependant que César n'eût été grand Prêtre ; mais il prétend apparemment que César avoit le talent de varier ses *attitudes*, selon qu'il étoit revêtu du *harnois* militaire ou de la *livrée* sacerdotale ; à la bonne heure Sur la seconde question, M. Roucher a été d'avi

B

qu'il n'y avoit point d'inconvénient qu'il fut permis aux Ecclésiastiques de se marier. Il a fait sentir
avec force les dangers du célibat ; il a rappellé
qu'il avoit consigné son opinion là-dessus, dans son
Poëme des Mois, long-tems avant que la question
fut agitée au District. Mais par une inconséquence
bien remarquable, il a conclu qu'il n'y avoit lieu
à délibérer. Les Abbés doublement attrapés par
l'opinion de l'Ex-Président, qui vouloit les obliger
à porter toujours la soutanne, ce qui seroit fort
gênant en bien des occasions, & par le vœu qu'il
formoit conjointement avec l'Auteur de la Motion,
pour la cessation du célibat ecclésiastique, se sont
remis de leur trouble à cette conclusion inattendue
qu'il n'y avoit lieu à délibérer.

Mais il y a à observer que M. Roucher vouloit
diminuer le nombre des gens d'Eglise. L'Assemblée Nationale y a pourvu en diminuant le nombre des Bénéfices. Reste à savoir si un Clergé plus
ou moins nombreux peut se dispenser des devoirs
de la nature, & des exemples qu'il doit à ses
Concitoyens.

Quoiqu'il en soit, l'Auteur des *Mois* s'est assis
au Bureau, pour inscrire ses amendemens, sur les
fastes du District, & l'a quitté avec l'attitude d'un
triomphateur, parce que les applaudissemens
donnés par les Abbés à la conclusion, avoient
couvert les éclats de rire excités par les mots de
harnois militaire, & de *livrée* sacerdotale.

Si les Abbés avoient été prudens, ils s'en seroient tenus-là ; mais ils avoient des vengeances
personnelles à exercer contre l'Auteur de la Motion,
dont le courage est connu, & qui faisoit bonne
contenance.

M. l'Abbé Bintot, Vicaire de Saint Etienne-du-Mont, s'est présenté dans la lice, avec son écrit à la main. On eut dit qu'il alloit lancer les foudres de l'Eglise sur son adversaire. Mais trop habitué à faire le Cathéchifme, le ton fec qu'il a contracté en morigénant de petits garçons & de petites filles, a déplu à l'Assemblée. On a trouvé son Discours diffus, étranger à la question, trop rempli de Jérémiades sur les pertes récentes du Clergé, & par-tout dépourvu de faits, de style & d'idées.

Les Abbés ont applaudi à son zèle, & quelques esprits vulgaires à ses lieux communs. Une voix s'est élevée du fond de l'Assemblée, qui a dit : il y a assez long-tems que nous entendons parler contre ; il est tems d'entendre ceux qui doivent parler *pour*. La liste étoit nombreuse ; plus de 20 orateurs s'étoient fait inscrire ; mais la délibération que l'on a précipitée, a empêché qu'on n'entendit tout le monde. De plus, les Séminaristes avoient encore quelques athlètes à produire dans l'arène du célibat, ils ont donc réclamé l'ordre de la liste.

Un jeune laïc nommé Ancelin, organe, à ce qu'on prétend, d'un certain Professeur de Navarre, qui lui avoit fait son Discours, s'est fait entendre pour la première fois dans l'Assembée du District ; il avoit préparé une espèce de Satyre ; car il est impossible de nommer autrement la réfutation que le jeune Ancelin a entreprise de la Motion dont il a voulu éluder la force & le poids, en opposant l'Abbé de Cournand à lui-même. Pour cela, il s'est rappellé qu'il avoit entendu faire à cet Orateur l'éloge de la chasteté, dans le Panégyrique de Saint-Thomas, comme fi la chasteté & le mariage

étoient des chofes incompatibles, & que l'Auteur
eût prétendu jetter du louche fur la chafteté abfo-
lue, quand elle eft une vertu furnaturelle, & non
une loi de police. Le jeune Ancelin, avec une
bonne - foi qui a édifié toute l'Affemblée, a con-
feffé l'infuffifance de fes efforts pour atteindre à la
vertu que l'Abbé de Cournand avoit célébrée dans
le Panégyrique de Saint Thomas. Il a dit qu'ayant
été deftiné à l'état Eccléfiaftique par fes parens,
il s'étoit arrêté tout court devant l'écueil du célibat, par la crainte de ne pouvoir pas triompher
de l'obftacle que M. l'Abbé de Cournand fe pro-
pofoit de lever. C'étoit, ce femble, une raifon
d'appuyer la Motion ; mais M. Ancelin a préféré
de la combattre, pour ne pas perdre les belles
phrafes qui étoient dans fon cahier, & feignant
de croire que les Abbés de fa connoiffance avoient
trouvé le démon de la chair moins opiniâtre à les
tourmenter que lui ; il les a gratuitement fuppo-
fés capables de cet état de pureté dont il fe recon-
noiffoit indigne, ne voulant point cependant com-
prendre dans la lifte de fes héros, l'Auteur de la
Motion, & trouvant dans la qualité de Poëte qu'il
joint à celle de Prédicateur, un motifs d'exception, & même d'excufe ; en quoi M. Ancelin s'eft
montré bien généreux, vu la réputation de bonnes
mœurs dont fon adverfaire jouit. Enfin il s'eft
permis de dire qu'il étoit bien difficile *qu'un Poëte
ne brûlât quelques grans d'encens fur l'autel de
Vénus.* La gentilleffe de ces paroles, dans un fujet
fi grave, lui a valu les applaudiffemens des Abbés
qui fe fontfouvenus tout à-coup de leur mythologie.
Aucun des Théologiens qui étoient là, n'a trouvé
mauvais que le jeune athlète mêlât le facré avec

le profane, l'éloge de la chasteté, avec les allusions à Vénus. Ils ont pensé apparemment que l'Auteur de la Motion vouloit les marier pour en faire de petits maîtres, & en interprêtant ses intentions, ils ont témoigné d'une manière bruyante leur satisfaction de la saillie peu révérencieuse du jeune Ancelin.

Celui-ci a été rappellé à l'ordre par l'Assemblée, justement surprise de voir un petit Ecolier s'échapper en apostrophes indécentes, contre l'Auteur de la Motion, l'une des personnes les plus considérées du District. Cela lui a fait payer les éclats de rire qu'il cherchoit à exciter ; il s'est tu en faisant des espèces d'excuses : il a bien vû qu'on ne s'étoit point assemblé pour rire, mais pour discuter, & il n'a pas tenu depuis la parole que ses amis avoient donnée pour lui, de faire connoître sa manière de raisonner, par la voie de l'impression.

M. Ancelin n'a pas pris de conclusions, ou s'il en a pris, elles ont été tellement couvertes par les marques d'improbation du District, qu'il n'a pas été possible au rédacteur de ces Séances, de les démêler & de les entendre. Un jeune Abbé, qui a fait ce jour là son noviciat d'éloquence, a succédé à M. Ancelin, dans le droit de la parole, & s'est montré bravement au Bureau, pour appuyer sa cabale.

Encore un Abbé, s'est-on écrié de plusieurs coins de la salle. Ceux qui le connoissoient ont dit que c'étoit l'Abbé de Naulan, jeune Bachelier de Navarre, qui, comme au Concile de Trente, n'étant pas de l'avis des vieux Docteurs, s'est chargé de la cause du célibat, sur laquelle ses anciens ont été muets. Figurez-vous un teint de lys & de rofes, un air aimable, qui faifoit douter de la fincérité du jeune Apôtre à défendre des vertus pénibles. Les uns vouloient qu'il parlât, les autres s'y oppofoient ; les gens fages étoient d'avis qu'il falloit lui laiffer dire fes raifons. Le voilà qui fe met en attitude, qui recufe, qui repouffe l'Hymen, lui qui, moins que tout autre, auroit lieu de s'en plaindre, s'il defcendoit jufqu'à l'implorer, & fi par une raifon fupérieure, il l'appelloit au fecours des bonnes mœurs, au lieu de s'en déclarer l'ennemi.

Le plus puiffant motif que l'Abbé de Naulan ait donné de fon oppofition, eft celui-ci : *le fort des Miniftres & celui de leurs familles, dans les états où Luther & Calvin ont fait germer leurs erreurs, nous avertit affez du danger qu'il y auroit que les Prêtres fe mariaffent. Les rues de Londres font tapiffées de filles de Miniftres.* On pouvoit répliquer à l'Abbé de Naulan que les rues de Paris le font de nièces de Curés. Du moins elles le difent pour fe donner un certain relief ; comme à Londres, elles fe fervent de cet artifice pour faire préjuger qu'elles ont reçu de l'éducation. Mais il faut le tirer d'erreur. Il eft fi jeune encore, qu'il lui eft permis d'ignorer les rufes d'un fexe qu'il ne connoît fans doute que par théorie. La dernière chofe à laquelle les femmes renoncent, eft une efpèce de confidération qu'elles tirent de leur naiffance & de leur éducation, lorfqu'elles ne peuvent la tirer de leurs vertus. Dans tous les pays où les Miniftres du culte fe marient, leurs enfans & leurs filles, fur-tout, font élevées très-foigneufement. Bien différens des Miniftres de

notre sainte Religion, qui font de leurs meres &
de leurs sœurs leurs servantes, tandis que d'autres
font de leurs servantes leurs maîtresses, les Ministres
Protestans ont des servantes qui obéissent à leurs
épouses, & ils élevent leurs filles pour devenir
meres de famille : aussi le deviennent elles, &
leur établissement est d'autant plus sûr, que le pere
est moins esclave du préjugé de la naissance ou
de la fortune. Persuadés que la bonne éducation est la plus riche des dots qu'une fille
honnête puisse apporter en mariage ; ces maîtres
de morale réglent là dessus leurs soins domestiques :
rarement leurs espérances sont-elles trompées,
quoiqu'en disent des voyageurs peu instruits, &
trop occupés de leurs plaisirs passagers pour s'as-
surer de l'état des filles qui leur disent effronté-
ment que leur père étoit Ministre, & que le
défaut de moyens les a jettées dans le vilain métier
qu'elles font. C'est ce vernis d'éducation que les
prostituées font bien aises de se donner, qui les
engage à se dire filles de Ministres. Elles se flattent
de persuader qu'elles font honnêtes au fond du
cœur, qu'elles ont des principes, des vertus
mêmes, & qu'elles seroient bonnes mères de
famille, si quelque homme sensible & généreux
se déterminoit à les épouser. Voilà les piéges
qu'elles tendent à la crédulité des Anglois, des
Hollandois & des Allemands, qui, n'ayant pas,
comme les François, l'habitude d'épouser de
prétendues novices dont la virginité leur est
garantie par les grilles du Couvent, croyent avec
raison qu'il est moins rare de voir une femme
rentrer dans la pratique de la vertu, quand elle
en a reçu les principes, que de voir une femme

se faire à elle même des principes, lorsqu'elle se risque aux piéges du vice, sans connoître ses devoirs.

Ce sont ces notions & mille autres que l'on n'acquiert ni dans les Séminaires ni sur les bancs de l'Ecole, que le jeune Abbé de Naulan n'a point & ne peut avoir. Car n'en déplaise à l'Abbé Bintot, il reste encore quelque chose à enseigner au sexe après le Catéchisme. C'est ce que les Ministres Anglicans enseignent à leurs filles; c'est ce qu'elles voyent pratiquer à leurs mères; c'est ce qu'elles pratiquent elles-mêmes pour se rendre dignes d'avoir un époux. Il n'y a donc, il ne peut y avoir de meilleure éducation que l'éducation paternelle; & si quelque chose peut en approcher, ce ne sera certainement pas celle que donnent des hommes voués au célibat, des hommes retranchés, pour ainsi dire, de la société par des vœux qui les isolent de leurs semblables, & qui leur prescrivent des vertus impraticables sans des efforts surnaturels.

Pourquoi donc appeller la grace à son secours contre la nature qui est elle même une première grace? pourquoi se faire des vertus dont la société ne recueille aucun fruit? pour moi je tiens depuis long-tems en principe que tout ce qui est inutile est nuisible, & je crois ce principe révélé par la nature. Aussi je l'oppose avec confiance aux argumens des Abbés du quartier latin qui ont lû comme moi dans l'Evangile, que *tout arbre qui ne porte point de fruit sera coupé & jetté au feu.* Touché de pitié pour la déraison de ceux qui nient cette vérité évidente, je demande pour eux la grace de rentrer dans les voies de la nature, de la religion, & de l'utilité publique.

Les craintes de l'Abbé de Naulan & de ses pareils, sur le sort des filles des Ministres des Autels, si le mariage étoit permis à ceux ci, pourront-elles encore balancer la compassion qu'il devroit avoir pour des milliers de victimes du célibat, tant Ecclésiastique que Séculier? Combien de filles, combien de veuves eussent été pourvues & consolées, s'il eut été permis aux Ecclésiastiques de les prendre pour épouses? qu'ils auroient mis bien plus de zèle, étant mariés, à prêcher le mariage à cette multitude de célibataires qui sont les fléaux des époux & la perte de la société?

Mais M. l'Abbé de Naulan a-t-il bien réfléchi avant d'exprimer ses craintes? ne sont-elles pas injurieuses pour l'Assemblée Nationale, pour les Administrations de Départemens, pour les Administrations Municipales? comment peut-on se permettre de penser (les Financiers à part) que la Nation ne mettra pas au nombre des obligations publiques, celle de pourvoir à l'établissement des vertueux rejettons des Ministres de son culte? & comment peut-on croire que chaque Département ne fera pas des contributions des Citoyens pour les frais des Autels, une distribution plus juste & plus proportionnelle que ne l'ont faite les Prélats, chargés jusqu'à présent de la feuille des Bénéfices?

L'Abbé de Naulan étoit digne de s'élever jusqu'à cette pensée; car il est le seul qui ait osé avoir une opinion conforme aux principes établis dans son écrit. Jusqu'à lui les Abbés n'étoient point sorti de cette formule de chicane, *il n'y a lieu à deliberer*. Il a soutenu au contraire qu'il y avoit lieu à délibérer, mais que la décision devoit être que le célibat ecclésiastique fût consacré par une Loi Nationale, même en dépit de la déclaration des droits. Voilà du moins qui a du caractère, faute de raison ; & s'il est malheureux d'errer, il ne l'est pas d'être conséquent.

L'Abbé de Cournand croit le célibat des Prêtres nuisible à la religion, aux mœurs, à la nature, & à la société. Il en demande l'abolition.

Le Bachelier de Navarre croit le célibat utile & même nécessaire. Il demande qu'il soit institué en loi.

L'un des deux a raison. La Nation peut seule les juger, parce que la Nation comprend le Clergé, & que le Clergé ne peut être seul juge dans sa cause. Donc il y a lieu à délibérer en assemblée de District, & de juger en Assemblée Nationale.

M. Crouzet, Professeur de seconde au Collège de Montaigu, a succédé dans le droit de la parole à M. l'Abbé de Naulan ; mais ses armes d'une meilleure trempe que celles du Bachelier, auroient triomphé des vains argumens de celui-ci, dans le cas où il lui eut été possible de se faire entendre. Un vacarme infernal étouffoit sa voix. Tous les braillards, tous les abboyeurs de l'école étoient au District ; on y avoit même conduit les valets des Duhans & des Dagoumers. La poitrine délicate du Professeur ne pouvoit tenir contre tant de clameurs réunies. *Remettez votre Discours dans votre poche, lui crioit-on, vous n'êtes point Ecclésiastique, mariez-vous, si cela vous fait plaisir, nous irons rire à vos noces.* Le parti du silence est préférable à une obstination inutile. A peine a-t-on pu recueillir quelques phrafes de cet excellent Difcours rempli de raifon & de fenfibilité. Nous le donnerons en entier dans les feuilles que nous joindrons à ces détails.

Les non-délibérans étoient preffés d'arriver à leur conclufion. Il fe faifoit tard, & le Bureau ne vouloit pas d'une quatrième Séance. Le bruit que la Motion faifoit dans Paris allarmoit la conf-cience & peut-être les intérêts de quelques hono-rables Membres. Ils ne vouloient pas fortir du Diftrict fans favoir à quoi s'en tenir, & ils étoient bien fûrs, vu les mefures qu'ils avoient prifes, qu'après trois Vendredis de délibérations très-vives il n'y auroit lieu à délibérer.

Il reftoit au moins à entendre encore une dou-zaine d'Orateurs. M. de Vauvilliers s'étoit fait infcrire. L'Abbé de Cournand avoit à parler, & l'on étoit impatient de lui voir défendre fa Motion. On favoit qu'il avoit écrit, & la curiofité redou-bloit par l'idée qu'il étoit fans doute bien préparé. On lui accorde la parole. Son exorde adroitement ménagé lui concilie l'attention de fon auditoire. A mefure qu'il entre en matière un bourdonnement d'approbation fe faifoit entendre dans l'Affemblée. Voilà de la logique, difoit-on, voilà qui s'appelle du raifonnement. La cabale elle-même fufpendue par la force des preuves, gardoit le filence ; les adverfaires eux-mêmes fembloient applaudir dans leur ame, & manifeftoient fur leur vifage leur approbation.

Il y avoit des momens où ils improuvoient ; mais le gros de l'Affemblée les faifoit taire. L'O-rateur faifant figne des deux mains, tâchoit de calmer les orages du parti contraire. L'agitation

faiſoit place à des mouvemens plus doux ; il repré-
noit ſon cahier, & continuoit ſa lecture. Comme
il s'appuyoit uniquement ſur la raiſon, & non ſur
des faits, il étoit difficile de le contredire. Auſſi
jouiſſoit-il de ce triomphe ſi flatteur pour l'homme
qui parle en public, de ſentir que la conviction
agiſſoit ſur ceux mêmes qui étoient venus bien
décidés à lui donner tort.

A un certain endroit du Diſcours, (c'étoit
heureuſement vers la fin,) on crut appercevoir
une impiété. La phraſe étoit une conſéquence
naturelle des principes, & théologiquement vraie.
Quelques gens échauffés par la contrainte même
où leurs paſſions avoient été retenues pendant le
Diſcours, s'élancent des bancs, comme des fu-
rieux ; pluſieurs Volontaires du Bataillón crûrent
que l'Auteur de la Motion alloit être inſulte. Lui,
montrant un courage tranquille, & la fermeté
de la vertu, reſtoit en place, tandis que des voix
bruyantes lui crioient de quitter le Bureau. Des
flots d'auditeurs l'exhortoient de l'autre côté à ne
point ſe démentir ; & certes, il n'en avoit ni le
pouvoir ni l'intention. Enfin, M. Roucher apoſ-
trophant l'Aſſemblée avec véhémence, fit rougir
ceux qui accuſoient l'orateur d'avoir blaſphêmé, &
il leur rappella que leurs clameurs inſenſées étoient
le même moyen que les Juifs avoient employé
contre notre Souverain Légiſlateur. Ces mots pro-
noncées avec force & onction calmèrent la partie
tumultueuſe de l'auditoire ; on ſe remit & l'orateur
pût continuer ſon Diſcours juſqu'à la fin.

M. de Vauvilliers vouloit parler ; mais d'autres
orateurs, inſcrits avant lui, réclamoient la parole.
Cet honorable Membre eut la généroſité de rendre

juftice à l'Auteur de la Motion, dans cet inftant même, & il confeffa qu'il avoit parlé avec beaucoup d'efprit & de talens, mais l'orateur eut été bien plus flatté, fi par fes raifons il avoit porté la conviction dans l'ame de fon Panégyrifte.

Quoiqu'il en foit, les affaires multipliées du Diftrict fervirent de prétexte à la clôture d'une difcuffion qui avoit déjà duré trois Séances. Il étoit onze heures du foir. On ne vouloit pas décider la queftion pour confirmer les Prêtres dans leur célibat. Trop de raifons s'y oppofoient ; trop de lumières étoient répandues fur cette matière. On ne vouloit pas non plus, difoit-on, empiéter fur les droits de l'Affemblée Nationale, comme fi l'émiffion d'un vœu eut été une décifion. Il falloit donc, à entendre ces Meffieurs, fe reftraindre à la queftion préalable, cela fouffroit de grandes oppofitions de la part d'une multitude de perfonnes qui croyoient qu'il y avoit lieu à délibérer, & qui prétendoient, malgré la frayeur qu'on leur faifoit du préjugé populaire, que la Place Maubert auroit décidé en faveur de la Motion, fi on eut pû la prendre pour théâtre de cette déliberation importante. Enfin tout fe termina *par un*, *il n'y a lieu à délibérer*. Mais il eft à croire que cette fufpenfion de jugement fera réformée. La Nation eft trop avancée pour laiffer fubfifter des abus dont elle gémit depuis des fiècles ; & l'intérêt des mœurs, d'accord avec celui de la religion, fera lever fans doute prochainement une interdiction qui n'a eu d'autre appui que la politique, & qui doit naturellement finir avec elle.

MOTION

Faite dans l'Assemblée générale du District de Saint Etienne-du-Mont,

POUR LE MARIAGE DES PRÊTRES.

Par M. l'Abbé DE COURNAND.

VOICI une des plus grandes questions qui aient été agitées dans une assemblée libre. Je viens défendre la cause des mœurs, contre un ancien abus voilé des apparences de la religion. J'ai pour auditeurs des citoyens capables d'apprécier mes motifs, & ma conscience pour garant de la pureté de mes intentions. Que le préjugé se taise ; ce n'est pas à lui, mais à la raison, de se faire entendre ; & ses réclamations seront appuyées par la religion elle-même. Trop long-tems on a étouffé sa voix, trop long-tems on lui a apposé une prétendue loi de l'église, pour lui faire tolérer un usage qui contrarioit visiblement les desseins de Dieu, & les sentiments les plus sacrés de la nature. On a érigé en préceptes des conseils sublimes, sans doute, mais impraticables pour le commun des ministres, même pour ceux qui aspiroient à une haute piété. Dans tous les siècles, on a attaqué par de nombreux écrits, ou éludé par des exemples plus nombreux encore, une loi qui vouloit ôter à l'humanité ses besoins, à la sensibilité ses foiblesses, à la vertu ses consolations, au prêtre citoyen le droit d'exister comme pere & comme époux. Je réclame aujourd'hui en faveur de mes freres, un droit inaliénable dont rien au monde ne peut les priver; je le réclame au nom de la religion, de la nature & de la société.

En traitant cette importante question, j'oserai me passer du secours des livres. Les livres peuvent servir quelquefois à éclaircir les choses douteuses : mais ici où est le doute pour les ames raisonnables? Si on m'attaque avec des usages, je me retrancherai dans les mœurs; si on me cite des autorités, je renverrai aux premiers versets de la bible; si on me parle de religion, je répondrai que je ne vois rien dans le décalogue, ni dans les commandemens de l'église, ni dans nos ordinations mêmes qui sont contraire à la cause que je défends : je la soutiendrai cette cause, parce qu'elle est bonne, & victorieusement appuyée par la religion, par la nature, & les intérêts de toutes les sociétés. Si l'on me conteste encore mes principes, après le développement que j'en vais faire, je mettrai aux prises les vrais chrétiens avec les dévots, les citoyens éclairés avec les faux sages. Je combattrai les uns par les intérêts de la religion, qui demande avant toutes choses, de bonnes mœurs; je prouverai aux autres qu'ils mentent à leur raison & à leur conscience, en disputant à leurs semblables un droit qui tient à la nature de l'homme, & qu'on ne peut lui ravir fans attaquer fon exiftence. Je rendrai peut-être mes adverfaires circonfpects par ces confidérations. Je les contiendrai du moins par la crainte de fe compromettre aux yeux de la France qui les obferve, & de la raifon dont il n'eft pas indifférent dans ce moment d'être le perfécuteur ou l'apôtre.

Le Mariage eft d'inftitution divine ; c'eft le premier des Sacremens dans l'ordre des tems : dans l'ordre de la fociété, c'eft le lien du genre humain, la bafe des conventions fociales, le gage des mœurs privées, & la fauve-garde des mœurs publiques. Nulle loi ne peut le défendre à une claffe particulière d'individus, parce que nulle loi ne peut priver l'homme d'un droit naturel. La loi qui le défendroit ne pourroit donc être une loi fociale ; & fi c'étoit une loi religieufe, elle auroit un vice bien remarquable, celui d'aller contre un ordre exprès de Dieu.

Vous avez vu, Meffieurs, dans les livres faints, combien le mariage y eft expreffément recommandé : nulle part il n'eft défendu, parce que Dieu ne fauroit défendre ce qui eft dans l'ordre de la nature, & que le Légiflateur éternel ne peut être en contradiction avec lui-même. L'homme ne peut pas non plus, fous quelque prétexte que ce foit, fe l'interdire à lui-même d'une manière irrévocable, parce qu'il doit toujours conferver la faculté de revenir à l'ordre de la nature, qui, quand il eft légitime, n'eft pas autre chofe que l'ordre de Dieu. On vous cite des ufages anciens ; mais quelque anciens que foient ces ufages, ils le font moins que l'ordre de Dieu, qui date de

l'origine

l'origine du monde. On vous parle d'un état de perfection : si je ne me trompe, Messieurs, la per-fection ne consiste pas à se réfuser aux sentimens légitimes de la nature, mais à s'y conformer & à les suivre. L'homme parfait est celui qui atteint la mesure de son être, & non celui qui passe le but.

Or, quel doit être le but de l'homme vivant en société ? de se conserver, de s'unir, de remplir les devoirs communs aux citoyens, de partager les mêmes avantages & les mêmes charges ; plus sa vocation est excellente, & plus sa conscience doit renforcer à ses yeux ses obligations. En est-il une plus sacrée, plus indispensable que celle dont nous nous occupons en ce jour ? N'est-ce pas de ce principe que dérive toute société ? Tous les liens humains, toutes les vertus civiles ne tiennent-elles pas à ce premier lien ?

La loi peut-elle empêcher ce que la nature & la religion commandent avec tant d'empire ? La loi faite pour maintenir la société, avoueroit-elle des dispositions propres à l'affoiblir & à la détruire ? cela implique contradiction.

Il est dit dans la déclaration des droits de l'homme : *les hommes naissent & demeurent libres & égaux en droits* : j'invoque cette grande vérité, & voici comme je raisonne : s'ils naissent & demeurent libres, ils ne peuvent donc pas aliéner leur liberté ; nul serment, nul engagement ne peut les faire cesser d'être libres, à moins que leur liberté ne soit réciproquement engagée, & alors ils sont soumis aux loix de tous les contrats qui leur interdisent une infraction qui peut nuire aux droits d'autrui. S'ils sont égaux en droits, ils ont donc, comme Citoyens, les mêmes droits que

C

tous leurs concitoyens, & il seroit vraiment singu-
lier qu'on voulût priver une des classes de la société
d'un droit commun à toutes les autres.

Mais, dira-t-on, l'église l'a ainsi ordonné Personne ne respecte plus que moi l'autorité de
l'Eglise dans les choses qui sont du ressort de la
foi, & qui intéressent véritablement les mœurs ;
mais on ne dira point qu'il soit de foi que tel
ou telle doivent s'interdire le mariage, & que
l'autorité de l'Eglise s'étende jusqu'à proscrire,
sous aucun rapport, un engagement aussi saint que
celui-là : car ou l'Eglise parle au nom de Dieu,
& l'on sait que c'est Dieu lui-même qui a comman-
dé le mariage aux hommes ; ou elle parle au nom
des hommes, & le grand intérêt des mœurs ne leur
permettra point de la démentir, si elle consent au
mariage de ses Ministres ; mais la société a-t-elle
besoin de son consentement ? non : car s'il existoit
une loi contraire à l'ordre de Dieu, & au bien de
la société, cette loi ne sauroit être une loi de
l'Eglise ; elle ne peut ordonner des choses contraires à la loi de Dieu, & au bien général des
hommes.

Cet usage donc qui interdit le mariage aux
Prêtres, n'est point une loi de l'Eglise, & ne peut
être obligatoire pour ses Ministres. L'Eglise est
l'assemblée des Chrétiens, & nulle société chrétienne n'a pu & n'a dû consacrer un usage qui va
directement contre l'ordre de Dieu & de la société ; cela est évident ; & il ne l'est pas moins
que nulle idée de perfection ne peut faire un pré-
cepte de la promesse tacite ou formelle de déroger
aux loix primitives de la nature : car certainement
ces loix sont de Dieu, & souvent les pensées des

hommes n'en font pas. La société a donc le droit
de rappeller aux loix primitives de la nature ceux
qui prétextent des engagemens qui les dispensent
de ces loix ; & à plus forte raison, de tendre une
main secourable à ceux qui desirent y rentrer.

Sans examiner les causes qui ont amené cette
interdiction particulière, je me restreint à démontrer combien la société y a perdu. Une classe de
citoyens utiles, & chargés de fonctions respectables, s'est trouvée isolée des devoirs les plus sacrés
de l'homme, & les plus impérieusement comman-
dés par la nature. Ce sentiment toujours actif
d'une union nécessaire au bonheur de la vie, étant
contrarié par une privation forcée, on a vu com-
munément l'inobservance de la loi entraîner la
perte des mœurs, parce que la grace ne se charge
pas plus que la nature de garantir des sermens qui
répugnent à notre constitution. Delà les plaintes
continuelles des canons sur les scandales des
Prêtres, scandales qu'il ne tenoit qu'à eux de
prévenir, en leur permettant d'avoir des épouses ;
delà les gémissemens des personnes pieuses, &
les déclamations des gens du monde contre le
Clergé qui ont eu pour principe, en grande
partie, ce dangereux celibat. Comment en effet
soumettre des hommes foibles à une épreuve aussi
périlleuse, sans les exposer à tous les désordres
cachés ou publics qui sont la suite presque infaillible d'un pareil engagement ? Aussi combien en
a-t-on vu pour qui les tentations ont été des chûtes,
& les chûtes la cause d'une infamie qui s'est répan-
due sur leur ministère ?

Obligeons-les à être Citoyens, dans toute l'é-
tendue de ce mot, ou du moins ne les empêchons

pas de le devenir ; & ces défordres feront réparés. C'eft à notre Nation , à cette Capitale dont les yeux font maintenant fixés fur ce Diftrict , à donner cet exemple à l'Europe catholique.

Mais ceux qui ont promis de vivre dans la continence ! difons-le hardiment ; ceux-là ont fait un vœu téméraire qui ne les engage point envers la fociété. La véritable continence eft celle de la vertu qui fe borne à ce que permettent les loix de la religion & de la nature. La continence forcée eft un hommage indigne de l'Etre fuprême ; & ce Dieu qui m'entend n'a point voulu fans doute tourmenter fes créatures , en leur impofant un joug qu'elles font incapables de porter. Loin d'ici le langage étudié d'une piété contraire aux premiers élémens de l'homme , & qui prétend captiver le corps , comme la foi captive l'entendement. La religion ne fe laiffe point éblouir par ce vain fophifme , & elle n'écoute point un langage qui déshonore le Ciel , en contrariant le vœu de l'auteur des chofes. Puifqu'il nous a placés fur la terre pour exifter conformément à fes vues, & que ces vues font évidemment connues , malheur à ceux qui ont la folie de les traverfer ! L'abus qu'ils font de leur raifon eft un crime envers la fociété , & un démenti donné au fouverain Créateur qui a fait l'homme à fon image & reffemblance.

On m'objectera peut-être que le changement que je propofe eft trop brufque & trop précipité. Mais ce qui eft bien doit-il fouffrir des retards ? Croit-on trouver des obftacles dans les préjugés reçus ? Les efprits font plus avancés qu'on ne penfe ; la France s'eft prodigieufement éclairée. Le peuple défire une révolution dont le fimple bon fens fait appercevoir la néceffité, & qui fera bientôt applaudie de la piété même.

Car enfin, que peut craindre la piété ? que le Miniftre des Autels ne perde l'autorité de fon miniftère. Non : cette autorité augmentera par l'exemple qu'il donnera de toutes les vertus civiles, dans un état qui les nourrit toutes. Les vertus religieufes marcheront avec elles d'un pas égal, & ne croyez pas qu'on ira moins chercher à fes pieds des confolations ou des repentirs, parce qu'il aura formé une union fainte femblable à celle de J. C. avec fon Eglife. La malade a-t-elle moins de confiance en fon Médecin, parce que celui-ci eft engagé dans les liens du mariage ? Le Médecin des ames feroit-il de pire condition que celui des corps, & y auroit-il plus de danger à fe faire abfoudre par l'un qu'à fe faire guérir par l'autre ?

Au contraire, on a fouvent redouté les périls, & déploré les abus d'un miniftère faint exercé par des hommes voués au célibat, & qui, après tout, n'étoient pas des anges. Que ne falloit-il pas employer d'adreffe pour enfevelir leurs fautes dans le filence lorfque le Clergé étoit tout-puiffant ? & combien de fois, pour les fouftraire à la rigueur des Ordonnances, n'a-t on pas été obligé d'avoir recours au defpotifme miniftériel ? Un nouvel ordre de chofes fera ceffer ces fcandales, ou du moins ils ne refteront plus impunis, lorfque les précepteurs de la morale publique n'auront plus de prétexte pour fe difpenfer d'avoir des mœurs pures & févères. On pourra les foumettre alors à une refponfabilité rigide de leur conduite, parce qu'ils auront à leur difpofition un lien capable d'en garantir la fûreté.

Ajoutons que l'état aura plus de facilité à encourager les mariages dans les autres classes de Citoyens. Le célibat religieux est du plus mauvais exemple pour les mœurs publiques. De quel droit condamnerez-vous dans les laïcs le célibat que vous consacrez dans vos Prêtres ? Ne pourront-ils pas, malgré vos institutions politiques, se parer des mêmes dehors de vertu, pour pallier un libertinage secret ? & l'hypocrisie ne prendra-t-elle point, quand elle voudra, le masque de la religion, pour se dispenser des devoirs & des peines du mariage ? Non, vous ne parviendrez jamais à faire de bonnes loix sur le mariage, tant que vous n'aurez point aboli la loi injuste & insociale qui condamne vos Ministres à une continence souvent mal gardée.

Mais on craint que le mariage ne les rende moins utiles à la société, en les détournant des fonctions de leur état. Ceux qui pensent ainsi, ne réfléchissent pas, ce me semble, que c'est au contraire un moyen infaillible de leur rendre ces fonctions & plus faciles & plus chères. Ils s'intéresseront davantage à l'éducation des enfans des Citoyens, quand ils auront eux-mêmes des enfans à élever ; ils entreront mieux dans les peines d'un ménage, quand ils éprouveront les mêmes peines dans leur maison. Leurs épouses, destinées à donner à leur sexe des exemples semblables à ceux des Ministres de paix, auxquels elles seront unies, deviendront les anges tutélaires d'une Paroisse, & elles en seront, par état, les dames de charité. Il n'y aura plus dans les maisons Presbytérales, de ces gouvernantes impérieuses qui aliènent souvent les brebis du Pasteur, par leurs manières arrogantes & hautaines ; on abordera, avec confiance, celle qui

aura les mêmes intérêts de compaſſion, de mo-
deſtie & d'honnêteté que ſon vertueux époux :
& qu'on ne diſe pas que celui ci, trop occupé
de ſa famille, négligera ſes malades ou ſes pauvres ;
il faudroit donc interdire le mariage à tous les
Officiers civils, chargés de ſemblables ſoins ; il
faudroit le défendre aux Médecins, aux Admi-
niſtrateurs d'Hôpitaux, aux Miniſtres d'Etat, à
tous ceux qui ont à leur charge la choſe publique.
Eſt-on de bonne foi, quand on nous donne des
raiſons auſſi dériſoires ?

C'eſt plutôt le célibat qui les empêche de remplir fidélement les devoirs de leur miniſtère. Si
vous vous plaignez que nous ſommes moins ſen-
ſibles à vos peines, ne vous en prenez qu'à la loi
qui nous défend d'être pères & citoyens ; nous ne
connoiſſons vos chagrins que par oui dire : on
compatit foiblement aux maux qu'on n'a point
ſoufferts. Un effet preſque immanquable du célibat,
c'eſt d'endurcir le cœur ; & la religion, toute
céleſte qu'elle eſt, ne remplace point communé-
ment par ſes graces ſurnaturelles, cette ſenſibilité
active & profonde qu'elle verſe dans nos ames par
les moyens naturels. Sans doute, il exiſte des
vertus dans le célibat ; mais on en trouveroit en
plus grand nombre dans le mariage, parce que
les vertus ſuivent l'ordre de la nature, & celles-
là ſont bien meilleures, qui naiſſent de ſon concours
avec les graces d'en haut.

Un autre obſtacle à l'accompliſſement des devoir du Prêtre, c'eſt cette inquiétude d'un cœur
qui ne ſait où repoſer ſes affections, & qui ne pou-
vant ſe remplir de Dieu, ſe tourmente involon-
tairement par l'attrait irréſiſtible des créatures. En

proie aux follicitations de cet ange de Satan qui combat pour la chair contre l'efprit, ils portent des penfées diffipées & volages dans les fonctions les plus graves de leur miniftère. S'ils ont le bonheur de triompher de leurs fens, font-ils à l'abri des difcours publics ? Hélas ! les plus vertueux confondus fouvent dans l'opinion des mondains, avec ceux qui fcandalifent par leurs mœurs, ne peuvent pas faire tout le bien auquel la fainteté de leur état les appélle. Leur célibat les rend fufpects dans les maifons des Citoyens, jaloufes de conferver des mœurs pures. On a peine à croire à une chafteté dont la profeffion eft fi commune & le mérite fi rare ; de façon que l'habit de Prêtre, qui ne devoit infpirer que la confiance, opère ordinairement un effet contraire : tant les gens du monde font difficiles à perfuader fur les vertus qui répugnent à la nature, & dont l'exercice, tout héroïque qu'il eft, leur devient indifférent, à proportion du peu d'avantages qu'ils en retirent.

Affociez vos Miniftres à tous vos droits, & vous y gagnerez de toutes manières. On fe flatte peut-être un peu légèrement d'avoir détruit cet efprit de corps, tant reproché au Clergé, en déclarant que fes biens font à la difpofition de la Nation. Erreur ! l'ordre fubfifte tant qu'il eft diftingué du refte des Citoyens, dans une chofe auffi étrange qu'un célibat inéceffaire. Que voulez-vous donc de plus pour entretenir une éternelle féparation. Si les pertes que cet Ordre vient d'effuyer, devoient nourrir dans fon fein une fecrette animofité, vous avez un moyen infaillible de la calmer, c'eft de lui permettre un lien capable d'adoucir & d'humanifer fes mœurs. Les flambeaux de la difcorde s'éclipferont à la lueur des chaftes feux du mariage, & les douceurs qui en font inféparables, étant communes à vos miniftres & à vous, le même lien réunira des Citoyens qui auront les mêmes objets d'affection. Sans cela je ne prévois que des malheurs; & le plus grand de tous feroit de laiffer fubfifter ce mur de féparation que la religion & l'intérêt focial doivent s'empreffer de détruire.

Je n'entrerai point dans les calculs politiques de l'augmentation des citoyens que ces nouveaux liens procureront à l'état. Cette confidération, toute importante qu'elle eft, n'eft pas ce qui doit toucher le plus dans le moment actuel. Il s'agit de rendre des infortunés aux devoir de la nature, & de faire expier aux fiècles paffés le tort des mauvaifes loix qui ont engendré de mauvaifes mœurs. Il s'agit de fubftituer à ces mœurs une union facrée dont les avantages fe préfentent en foule, & qui, chez tous les Peuples a fixé l'attention des légiflateurs. Vouloir s'y fouftraire en corporation, c'eft contrarier la fageffe de leurs vues; c'eft mettre en danger fes propres mœurs, & porter une atteinte manifefte aux loix générales des Peuples.

Mais, dira-t-on, que deviendront les enfans iffus des nouveaux mariages? Ils deviendront Citoyens comme leurs pères; & la Providence qui n'abandonne point les petits des oifeaux, veillera fur les enfans de fes Miniftres. D'ailleurs, quand il s'agit de remplir un devoir naturel, demande-t-on quelles en feront les fuites? Une pareille confidération feroit bien digne d'un Peuple qui compteroit l'argent pour tout, & les mœurs pour rien.

Mais fait-on cette question aux pauvres habitans des campagnes qui dépendent de leur bras pour leur subfiftance, & leur défend-on de s'unir, parce qu'ils doivent donner le jour à des enfans qui n'auront d'autre patrimoine que les bras qu'ils ont reçus de leurs pères ? Et depuis quand les inconvéniens d'un état naturel & néceſſaire feroient ils mis en balance avec le grand objet de la régénération publique, & l'intérêt facré de la religion & de la vertu ?

Mais l'intérêt des Eccléfiaſtiques eux-mêmes, fe trouve joint ici à ceux de la fociété. S'ils font dignes de la liberté que nous leur avons acquife, pourroient-ils voir fans étonnement des légiflateurs citoyens leur contefter le droit d'avoir un état civil, un état que la loi ne refufe pas même au dernier des malheureux ? Ceux qui ne voudront pas goûter des douceurs d'un union fainte & légitime, feront libres de refter célibataires : mais les autres s'indigneroient avec raifon contre une légiſlation qui garderoit fur ce point un filence criminel, filence qu'elle ne peut rompre que pour accorder à tous ce que la loi n'a droit de refufer à perfonne. Quoi ! vous me dites que je fuis citoyen, & vous m'empêchez d'ufer du droit de cité, & vous ofez m'interdire un lien facré, fans lequel la Cité même eſt diffoute ! barbares ! l'efclavage n'eſt pas un état pire que celui où vous me placez. Vous permettez au moins à l'efclave de fuivre le penchant le plus doux de la nature, & vous ne me laiffez que des vices pour dédommagement de la contrainte où vous me tenez ! Vous attaquez, tout à la fois, mon exiſtence civile & morale, & vous détruifez, autant qu'il eſt en vous, les mœurs pu-

bliques dont je ne puis vous donner d'autre garant
qu'une grace fur laquelle il eft impie de compter,
& une vertu dont la foibleffe de mes fens ne peut
vous répondre.

Ne faifons donc plus de nos Miniftres des athlètes toujours dans un é·at de combat, & toujours
expofés au péril de la défaite. Qu'une expérience
de quatorze fiècles nous corrige enfin de la pré-
fomption que la politique, plus que la piété, s'étoit
plu à former fur les vertus de leur état. Ce qui a
été impoffible pendant une fi longue fuite d'années,
fera-t-il plus praticable au tems où nous vivons ?
Ce feroit folie de le penfer. Effayons du feul
moyen capable de rétablir la pureté des mœurs
facerdotales, & ne foyons point affez aveugles,
ou affez méchans pour penfer qu'un lien facré &
béni de Dieu puiffe fouiller cet pureté.

OPINION

DE M. GUEROULT, *Professeur d'Éloquence*, *au Collège des Graffins*,

SUR LE MARIAGE DES PRÊTRES.

Je réduis la question à ces deux points :

Les Prêtres peuvent-ils se marier ?
Les Prêtres doivent-ils se marier ?

Ils le peuvent.

LE célibat n'est point une institution divine. On ne trouve ni dans l'ancien ni dans le nouveau Testament aucune loi qui oblige les Prêtres à le garder. Au contraire Moyse y avoit attaché l'infâmie, & Jésus-Christ semble l'avoir condamné en choisissant de préférence un homme marié, (Saint Pierre,) pour être après lui le Chef de son Eglise. Le mariage n'ayant été défendu aux Prêtres que par les hommes, les hommes peuvent leur en rendre la liberté. Ce droit est incontestable, & quand il seroit vrai que le célibat eût été ordonné aux Ecclésiastiques par tous les Conciles, observé par tous les Ministres de la Religion, le célibat étant contraire aux loix de la nature, à la pureté des mœurs, au bien de la société, la

Nation auroit encore le droit de l'abolir. Mais il
eſt faux que les Prêtres aient toujours été célibataires. Il eſt faux que l'Egliſe leur ait toujours
interdit le mariage.

Les Prêtres n'ont pas toujours été célibataires.
Il leur a été permis de garder leurs femmes.

Je ne mettrai point ſous les yeux du Lecteur la
liſte très-longue des Eccléſiaſtiques mariés, &
vivant avec leurs femmes. Ces exemples ne prou-
veroient peut-être pas aſſez que les Eccléſiaſtiques
n'ont pas été dans tous les tems obligés au célibat.
Les autorités auront plus de force. En voici de
victorienſes. Je commence par les plus anciennes.

1. Saint Paul écrit à Timothée , Ep. 1 , Ch. 3 ,
v. 2 , que l'Evêque ſoit mari d'une ſeule femme ,
& non pas qu'il *ait été mari* d'une ſeule femme.

2. Un Canon des Apôtres défend aux Evêques ,
aux Prêtres , aux Diacres de ſe ſéparer de leurs
femmes ſous prétexte de Religion ; & le même
Canon porte qu'ils ſeront excommuniés , s'ils le
font , dépoſés , s'ils perſiſtent. *Epiſcopus , vel Preſ-
byter , vel Diaconus unorem ſuam ne ejiciat religionis
pretextu : ſin ejecerit excommunicetur ; & ſi perſeve-
ret , deponatur.* Voyez l'Hiſt. des Conciles , t. I ,
p. 1.

3. Quelques Pères du Concile de Nicée convo-
qué par Conſtantin , en 325 , ayant propoſé de
défendre aux Prêtres d'avoir dorénavant aucun
commerce avec leurs femmes , Saint Paphnuce le

Martyr, Evêque de Thebes en Egypte, s'éleva fortement contre cette motion. Voici la traduction fidèle de quelques maximes de son discours, telles qu'elles sont rapportées en grec & en latin, par l'Historien des Conciles, t. I, p. 423, & t. II, p. 788. *N'appesantissez point le joug des Ecclésiastiques. Le mariage est honorable dans tous les états. N'offensez point l'Église en voulant être trop parfaits. Coucher avec sa femme, c'est chasteté.* L'Historien ajoute que l'autorité de cet homme *divin* imposa silence aux partisans du célibat, & que le Concile permit à chacun de faire ce qui lui sembleroit le plus convenable.

4. En 1075, Grégoire VII, dans un Concile tenu à Rome, avoit défendu le mariage aux Prêtres, sous des peines très-févères. Calixte II, en 1 19, avoit renouvellé cette défense, & puni les infracteurs d'une manière terrible. Peu content de les excommunier, de les priver de leurs bénéfices, il avoit déclaré leurs enfans bâtards, & permis aux Seigneurs de s'emparer de ces êtres innocens, de les réduire en servitude, de les vendre. Les menaces de Grégoire, & les exécutions de Calixte, n'ayant point foumis les ecclésiastiques Anglois, un Légat leur fut envoyé pour composer avec eux; tout ce qu'il put obtenir, ce fut que les Prêtres des Villes se sépareroient de leurs femmes; les autres, qui peut-être avoient plus à craindre les suites de l'oisiveté, ou qui se voyoient moins de ressources, s'opiniâtrerent à les garder, & on leur en accorda la liberté. En 1130, Honorius II, qui croyoit les esprits plus dociles, chargea le Cardinal de Crême, d'achever

un ouvrage si utile à la puissance des Papes. Le Légat eut peu de succès. Un Concile tenu cinq ans après, remit au Roi l'exécution du canon contre le mariage ; le Roi n'usa de son pouvoir que pour rendre aux Prêtres la permission de vivre avec leurs femmes. Voyez Rapin Thoiras, histoire d'Angleterre, t. II. l. 6. & les essais sur Paris, t. II. p. 164.

En 1439, lorsque le Concile de Bâle eut déposé le Pape Eugene IV, & nommé en sa place Amedée de Savoye, plusieurs Évêques ayant objecté que ce Prince avoit été marié, Œneas Sylvius Piccolomini, Secrétaire du Concile, & qui depuis fut Pape sous le nom de Pie II, soutint l'élection d'Amedée, par ces propres paroles : *Non solum qui uxorem habuit, sed uxorem habens potest assumi.* Non seulement celui qui a été marié, mais celui qui l'est, peut-être choisi. Questions encyclopédiques, t. III. p. 83.

Je me bornerai à ces autorités, elles prouvent que les Ecclésiastiques n'ont pas toujours été célibataires. Mais dira-t-on, il est évident qu'on peut être dans les ordres sacrés, & vivre avec sa femme ; en concluerez vous qu'on peut prendre une femme après avoir reçu les ordres sacrés ? Je pourrois répondre que puisqu'un époux, sans être veuf, peut remplir le ministère des autels, le mariage & la prêtrise ne sont plus deux Sacremens incompatibles, & que dès qu'il n'est pas défendu de les réunir, il est indifférent que l'on commence par l'un ou par l'autre ; mais je n'ai pas besoin de recourir à ce raisonnement pour demontrer que les Prêtres ont le droit de se marier.

Le mariage n'a point été dans tous les tems interdit aux Ecclésiastiques. Il leur a été permis de prendre une femme.

1. Le IX canon du Concile d'Ancyre, *peimet* expreffément à ceux qu'on ordonne diacres & qui ne fónt point mariés, de fe marier dans la fuite, & de remplir les fonctions Eccléfiaftiques, pourvu qu'ils déclarent pendant l'ordination qu'ils veulent avoir une femme. Voici le texte ; *diaconi quicumque, cum ordinantur, fi in ipfa ordinatione proteftati funt dicentes velle fe habere uxores, hi poftea, fi ad nuptias venerint, maneant in minifterio.* Hiftoire des Conciles, l. 1. p. 277.

2. Le XII Concile de Latran, auquel affifterent 412 Évêques, préfidés par Innocent III, en 1215, ordonne dans fon quizième canon, que les Prêtres qui fe livrent à la débauche, dans les lieux où *le mariage leur eft permis,* foient plus févèrement punis que les autres. Voyez Rapin Thoiras, hiftoire d'Angleterre, t. II.

3. Le Concile de Trente avoit porté la loi du célibat, en 1563. En 1576, un édit enregiftré au Parlement de Paris, déclare que les Prêtres ou Moines qui s'étoient mariés, ne pouvoient être inquiétés dans la fuite, pour ce fujet, & que leurs enfans feroient regardés comme légitimes.

4. J'ajouterai un fait à ces autorités ; Angilbert étoit Prêtre, lorfqu'il époufa Berthe, fille de
Charlemagne,

Charlemagne, il en eut deux enfans. Voyez la vie d'Angilbert, par Anscher, un de ses successeurs dans l'abbaye de St. Riquier.

Je passe à la seconde question, les Prêtres doivent-ils se marier? cette question est de la plus grande importance, nulle peut-être ne mérite d'avantage d'occuper la sagesse de l'Assemblée nationale, c'est-à-dire assez que je n'entreprendrai pas de la traiter dans toute son étendue; je vais exposer seulement les raisons qui me décident en faveur de l'affirmative.

Ils le doivent.

1°. Ils obéissent au Créateur, qui a dit à tous les hommes : croissez & multipliez.

2°. Ils serviront la religion, en donnant à l'église des sujets fidèles & vertueux.

3°. Ils augmenteront légalement le nombre des Citoyens, & par conséquent les principales richesses de l'état.

4°. Ils contribueront à rétablir les bonnes mœurs, sans lesquelles les meilleures loix sont impuissantes, & qui ne peuvent être pures où règne le célibat; cette derniere vérité n'a pas besoin d'être prouvée. Voici cependant un fait qu'il me paroit nécessaire de rapporter. La sodomie étoit peu connue en Angleterre avant l'institution du célibat ecclésiastique; la politique ou la piété des Papes l'eut à peine établi, ce crime infame & destructeur devint si commun, qu'un Concile tenu à Londres, se crut obligé de porter les peines les plus sévères contre les coupables. Voyez Rapin Thoiras, histoire d'Angleterre, t. II. l. 4.

D

J'ajouterai que nos poëfies les plus licentieufes ont pour auteurs des célibataires. Tout le monde connoît la Pucelle de Voltaire, les Contes de Piron, l'épicurifme de l'Abbé de Chaulieu, les faletés de l'Abbé l'Attaignant, les ordures de l'Abbé Grécourt : le balai & la chandelle, ouvrages également impies & groffiers, font d'un Moine, engagé dans les ordres facrés.

5°. Ils deviendront Citoyens. l'égoïfte n'a point de patrie, tout célibataite eft égoïfte, & le Prêtre plus qu'aucun autre ; nul lien ne l'attache au bien public, le Prince & la Nation ne font rien pour lui, ainfi penfoit Charlemagne. Ce conquérant légiflateur en renouveilant dans fes capitulaires la défenfe déja faite à tout Séculier d'embraffer l'état eccléfiaftique fans un permiffion du Roi, ou du Juge, en expliqua le motif en ces termes : de peur que le fervice du Roi n'en fouffre. *Ne regale obfequium minuatur.* Effai fur Paris, t. II. p. 100.

Ces raifons, pour être développées, demanderoient un volume ; mais il fuffit de les préfenter aux bons efprits, ils en connoîtront toute la force, ils la feront fentir à ceux qui ont befoin qu'on les avertiffe de ce qu'ils doivent penfer, ils en accableront les efclaves & les défenfeurs des préjugés : l'ignorance niera la vérité qu'elle ne voit pas ; la mauvaife-foi détournera les yeux pour ne point l'appercevoir, le fanatifme la repouffera en jettant des cris de fureur ; mais tous les efforts des méchans, des fourbes & des fots feront impuiffants, la marche de la raifon n'eft jamais rétrograde ; il faut enfin qu'elle arrive ; nous ne pouvons en douter, tous les abus feront réformés ; l'édifice du bonheur public sera posé sur la base des mœurs ; la sagesse de la Nation abolira cette loi qui leur est si funeste, cet immoral & impolitique célibat, fletri par, Moyse (1), puni honteusement à Lacédémone (2), si vil aux yeux des Romains, qu'il ôtoit le droit de rendre témoignage, ce célibat (3) enfin qui peut-être ne se fût point établi chez les peuples Chrétiens, si les Papes n'eussent jamais eu l'ambition de règner sur les Souverains.

---

(1) Les Loix de Moyse, selon tous les Rabins, retranchoient de la Congrégation d'Israël ceux qui ne se marioient pas à un certain âge.

(2) Les Loix de Lycurgue excluoient les célibataires des emplois civils & militaires. Tous les ans, le premier jour du printems, les femmes les fouëttoient publiquement devant la Statue de Junon.

(3) Avez-vous une femme ? demandoit d'abord le Censeur à ceux qui se présentoient pour tester.

OPINION

DE M. CROUZET, *Professeur de Belles-Lettres, au Collége de Montaigu.*

L'HOMME a reçu la vie pour la tranfmettre ; c'eft un dépôt que lui confia l'Etre fuprême, en lui difant : mortel, ne laiffe pas périr le don que je te fais : en le remettant à d'autres, ce fera me prouver que tu l'eftimes, & me rémoigner ta reconnoiffance. Peuple cet univers que j'ai formé pour ma gloire, remplis-le de créatures qui me béniffent & qui chantent mes bienfaits. Voilà ce que dit l'Etre fuprême à l'homme, & voici ce que l'homme dit à l'Etre fuprême, lorfqu'il entre dans fon Sanctuaire, pour fe confacrer au fervice des Autels : Seigneur, je fais ferment à la face de la terre, je jure en ta préfence, de laiffer, autant qu'il eft en moi, la race humaine rentrer dans le néant dont tu l'a tirée, de contribuer à la deftruction de ton plus bel ouvrage, & à changer en une folitude muette, le monument de ta fageffe éternelle, ce monde où tu nous a placés pour célébrer ta puiffance. Tel eft au moins implicitement le vœu que forme le Prêtre aux pieds de l'Eternel, vœu contraire aux vues de la Divinité, & par-conféquent indifcret & téméraire.

En effet, fragiles comme nous le fommes, qui

peut affez compter fur fes propres forces pour ofer dire, qu'il triomphera toujours du penchant le plus doux & le plus impérieux du cœur de l'homme, qu'il refiftera fans ceffe à ce puiffant befoin, fans lequel il n'exifterait pas lui-même ? Le jeune Eccléfiaftique égaré par un moment de ferveur & d'enthoufiafme, s'imagine peut-être immoler aux pieds des autels ce penchant pref-qu'irréfiftible. On s'eft efforcé d'impofer filence à fes defirs, & de le faire croire à la poffibilité de ce facrifice. L'ombre, la retraite & l'auftérité des Séminaires, les menaces ou les careffes d'un fupérieur, ont effrayé ou endormi les paffions, mais bientôt elles fe réveilleront plus fortes & plus terribles dans le monde. C'eft alors qu'il faudra lutter contre l'ennemi le plus redoutable, qui fe fortifiera par fes défaites même, tandis que lui, pauvre jeune homme, il s'affoiblira tous les jours à force de victoires. On lui a dit qu'il étoit des graces d'état, & que la religion le couvriroit de fon égide. Mais la religion doit-elle donc fe liguer avec nous contre la nature, & Dieu doit-il s'armer en notre faveur pour empêcher la reproduc-tion de fon image ?

On m'objectera fans doute qu'il eft de faints Prêtres, dont le cœur & les mains ont toujours été pures, qu'il eft de vrais martyrs de la chafteté facerdotale. J'en conviens, & je leur rends l'hom-mage qu'ils méritent. Mais pour faire quelques martyrs, faut-il expofer tant de malheureux au danger toujours renaiffant de devenir parjures ? L'homme n'eft il pas environné d'un affez grand nombre de piéges ? A quoi bon lui en forger de nouveaux ? A quoi bon inventer de nouveaux moyens de faillir , & multiplier autour de lui les précipices ? Enfin , pourquoi furcharger la foibleſſe humaine dont l'auteur des choſes a marqué lui-même la meſure par les limites des devoirs qu'il nous impoſe ? De-là ce ridicule qui réjaillit ſur la plupart des Prêtres , parce qu'ils ſe ſont donnés pour des anges , tandis qu'ils n'étoient que des hommes. C'eſt ainſi qu'on les met en butte à tous les traits de la malignité , qu'ils deviennent ſouvent des objets de dériſion & de ſcandale , la proie de la médiſance & quelquefois de la calomnie. Pourquoi ſont-ils ſi peu reſpectés ? C'eſt qu'il eſt preſqu'impoſſible de les croire auſſi reſpectables qu'ils le veulent être : ils obtiendroient plus de confiance & de vénération , s'ils ne prétendoient pas s'élever au-deſſus de l'humanité.

Mais je veux qu'ils ſoient tous fidèles à leur ſerment & que jamais ils ne ſoient déchus de cette pureté ſublime dont ils ont contracté la périlleuſe obligation. Que ſert d'outrer ainſi la perfection de l'homme ? puiſqu'ils ſont faits pour être nos guides , n'eſt-il pas plus raiſonnable & plus utile qu'ils nous donnent l'exemple des vertus que nous devons exercer , qu'ils nous apprennent à être bons maris , bons pères , & qu'ils nous prêchent par leurs actions plutôt que par leurs paroles , les plus ſacrés de nos devoirs ? Leur morale pénétrera bien mieux dans nos cœurs , quand ils la mettront en pratique ſous nos yeux , & leurs leçons ſeront plus perſuaſives & plus efficaces , quand ils auront avec nous plus de rapports & qu'ils ne formeront plus une claſſe d'hommes particulière. Un des plus grands incon-veniens du célibat des Prêtres , c'eſt qu'il les livre

à la sécheresse & à la stérilité de l'égoïsme, en
les détachant en quelque sorte de la chaîne
sociale ; c'est qu'il les concentre en eux-mêmes,
& resserre leur ame dans les bornes étroites de
l'intérêt personnel, en leur interdisant ces liens
sacrés qui nous attachent à l'humanité, qui nous
en font sentir les douceurs & les peines, qui
nourrissent la tendresse & la sensibilité du cœur,
& nous apprennent par notre propre expérience
à compâtir aux souffrances de nos semblables ;
c'est qu'il les rends indifférens à la génération
présente au milieu de laquelle il se sont isolés en
élevant un mur de séparation entre eux & la plus
intéressante moitié de l'espèce humaine, qu'ils
laissent, autant qu'il est en eux, languir dans la
solitude & redemander vainement les secours &
l'appui que la nature promettoit à sa foiblesse,
c'est qu'il ne leur laisse qu'une triste & funeste
insouciance sur le sort de la génération future,
qui leur devient étrangère, puisqu'ils ne peuvent
contribuer à son existence. Le père de famille
ne travaille pas seulement pour lui seul, il est
sans-cesse occupé du bonheur de sa postérité ; sa
vie entière n'est souvent qu'un sacrifice qu'il fait
à la félicité, de ses enfans. Il plante, il sème,
il bâtit pour eux, & c'est ainsi que les arts se
perfectionnent & que la vie devient plus douce
& plus commode à mesure que les générations
se succèdent. Par exemple, dans l'heureuse révolution qui vient de changer la face de la France,
est-ce pour nous seuls que nous avons bravé les
obstacles, affronté les périls, & que nous portons
sur l'autel de la Patrie l'offrande d'une partie
de nos biens ? la plus part d'entre nous n'auront

D 4

eu que la peine de faire éclore & de cultiver
la liberté , c'eſt pour nos deſcendants que muriront
ſes fruits : & que ſont ces fruits aux Prêtres ,
puiſqu'ils n'auront pas d'enfans ? Ils ne peuvent
ſe dire à eux-mêmes : eh biens ! ſi mes peines ſont
perdues pour moi , du moins elles ne le ſeront
pas pour ma poſtérité : elle jouira de mes travaux
& de mes ſacrifices , & comme dit le vieillard
de la Fontaine :

Cela même eſt un fruit que je goûte aujourd'hui.

Malheureux ! ils ſe flétriſſent dans leur inſipide
vieilleſſe , comme ces germes ſtériles qui trompent
l'eſpérance du Laboureur ; leurs cendres ne ſeront
point arroſées par les larmes de la tendreſſe &
de la reconnoiſſance filiale ; on paſſera ſur leur
tombe avec indifférence , ou s'il ont été vertueux ,
ſi leurs bonnes œuvres nous rappellent leur ſouvenir , ce ſouvenir ſera mêlé d'amertume , &
nous regretterons qu'ils n'ayent pas laiſſé après
eux des héritiers de leurs vertus , des enfants
qui leur reſſemblent.
Perſonne cependant ne ſeroit plus propre à
donner à Dieu de fidèles adorateurs , à la Patrie
de bons Citoyens , que des hommes élevés pour
être plus parfaits & plus éclairés que les autres.
Leur famille ſagement gouvernée , ſeroit un objet
d'édification pour tous ceux qui les approcheroient.
Retenus au ſein de leur paroiſſe , par l'intérêt
qu'inſpire le lien conjugal , & par les tendres
ſoins de la paternité , ils n'iroient pas chercher
par-tout la diſſipation , & traîner de presbitères
en presbitères les ennuis qui les dévorent, & le

vide affreux d'un ame inquiéte, qui ne fait où repofer fes affections. Leurs momens de loifirs feroient employés à l'éducation de leurs enfans. Ils fe verroient obligés, pour améliorer leur condition, de fe livrer à des occupations utiles & pour eux & pour les autres, & compatibles avec les fonctions de leur miniftère. Car, enfin, ils ne font pas toujours aux pieds des Autels ; leurs bras ne font pas toujours étendus vers les Cieux ; ils peuvent auffi s'abaiffer vers la terre, pour lui demander comme nous leur fubfiftance ; & leurs mains devenues induftrieufes & confacrées par le travail qui honore l'homme, en feroient-elles moins agréables à la Divinité, lorfqu'ils lui porteroient l'offrande de nos prieres ? Ecartons & banniffons à jamais les préjugés, ces antiques defpotes de la France. Ramenons tous nos concitoyens, tous nos frères à la véritable deftination de l'homme, celle de féconder & de peupler la terre.

Que de vols la foule immenfe des Ecaléfiaftiques n'a-t-elle pas faits au genre humain, depuis que règne parmi nous cet ufage barbare qui les condamne à la ftérilité ! il eft à préfumer qu'ils auroient donné le jour à quelques hommes célèbres, dont les talens cultivés par leurs pères, auroient contribué fans doute à propager les lumières, à faire avancer la raifon de quelques pas, & à déchirer plutôt le voile de l'ignorance. Si le père du grand Newton, fi celui de J. Jacques euffent été célibataires, l'un n'auroit pas dévoilé les fecrets de la Nature, l'autre n'eut pas appris à l'homme quels font fes véritables droits. Si ceux des Franklin & des Wafington euffent fait vœu de continence, l'Amérique Septentrionale seroit peut-être encore esclave & malheureuse.

Si toutes ces raisons ne suffisoient pas pour opérer la conviction, il en est une que tous les vrais Citoyens, que tous les gens de bonne-foi trouveront sans réplique, c'est qu'au moment où il s'agit de régénérer autant qu'il est possible une Nation, & d'épurer ses mœurs, il faut en proscrire le célibat, ce fatal levain de corruption, qui se nourrit de séductions & de désordres, qui depuis longtems est en possession de jetter à pleines mains le ridicule sur l'engagement le plus sacré, qui se fait un jeu d'attenter aux plus saints nœuds de la société, & qui tend à sa dissolution & à la ruine de l'espèce humaine. Et comment le proscrirez-vous, si vous en faites une vertu, si vous le consacrez dans ceux qui doivent être nos modèles ? Est-ce un privilége, une exemption que vous leur accordez ? il n'en doit plus exister parmi nous. Est-ce un droit dont vous prétendez les dépouiller ? Nos sages Représentans ont remis l'homme en possession de tous ceux qu'il avoit perdus. Ils ont établi la liberté sur la base éternelle de la raison & de la nature. Il faut que toutes les chaînes tombent, & que tous les Français soient libres.

OBSERVATIONS

D'UN PRÊTRE

Sur le Célibat ecclésiastique.

En général, on ne doit prescrire à l'homme que des vertus appropriées à l'humanité. Le faire sortir du cercle de ces vertus, c'est l'exposer à perdre celles-ci sans atteindre aux autres ; c'est l'égarer hors de sa sphère : c'est le faire renoncer au *bien* pour un *mieux* inaccessible au plus grand nombre. Saint Paul, dans son Epître aux Corinthiens, fait l'éloge du célibat, mais voyant mieux qu'un autre tous les écueils dont il est environné, s'il le conseille à tous, il ne le prescrit à personne. Il a toujours peur qu'on ne prenne pour un ordre de sa part, ce qui n'est qu'une simple exhortation dans sa bouche. *Ce que je vous dis ici, c'est par indulgence & non pour vous commander*, chap. 7, ℣. 6, & ne croyez pas qu'il soit plus sévère à l'égard des Pasteurs. Les plus judicieux interprètes conviennent qu'il ne leur défend que le concubinage & la pluralité des femmes. Saint Paul connoissoit le cœur humain, il savoit que la continence perpétuelle contrariant la plus impérieuse, comme la plus légitime de toutes les inclinations, l'homme ne peut être élevé à cette vertu d'un ordre supérieur que par un effet de cette grace que Dieu ne prodigue jamais, qu'il retire souvent aux ames qu'il en a privilégiées, & qu'en dernière analyse, ordonner des vertus surnaturelles à l'homme, c'est commander des miracles à Dieu. (1)

Heureusement, la raison publique, devenue aujourd'hui la force & le génie de la France, réclame de toutes parts l'abolition du vice que je combats. Qu'est ce en effet que le célibat dans l'ordre de la nature ? C'est la frustration de son espérance la plus chère, la violation de son vœu le plus constant, la transgression de sa loi la plus universelle; c'est une exception absurde & choquante. Qu'est-ce que le célibataire à l'égard du corps politique? Ce qu'est une branche morte à l'égard de cet arbre ; elle l'appauvrit & l'attriste ; ce qu'est une superfétation oiseuse sur le corps humain; elle le dépare & le fait languir. Qu'est-ce que le célibataire à l'égard de lui-même? Le triste ennemi de son bonheur, puisqu'on ne peut être véritablement heureux sur la terre qu'en y rem-

______

(1) Au Concile de Trente, l'Ambassadeur de Bavière fit un Discours très-long & très-libre, disant que les Magistrats & la Police de son pays ne souffroient point de citoyens concubinaires, & que néanmoins ce vice étoit si général dans le Clergé, que de cent Prêtres, il s'en trouvoit à peine trois ou quatre qui ne vécussent en concubinage, ou en mariage clandestin ou public. Il demanda le mariage des Prêtres, comme une chose sans quoi la réformation du Clergé présent étoit impossible, alléguant que le célibat n'est point de droit divin, & que d'ailleurs les bons Catholiques en Allemagne préféroient un mariage chaste à un célibat impur. Les Ambassadeurs de l'Empereur & ceux de France appuyèrent sa demande. (*Fra-Paolo, Hist. du Concile de Trente.*)

pliffant fa deftination. Voyez quel eft le crime de l'homme voué à la continence perpétuelle. Quand l'Etre des êtres qui féconda le néant & enfanta des milliers de mondes , répète fans ceffe le prodige de la création; quand les peuples végétaux fe reproduifent pour perpétuer la parure de la terre , & fa richeffe toujours renaiffante; quand l'oifeau dans les bocages , la panthère dans les déferts & au fond des abymes humides , les hôtes innombrables de l'Océan , obéiffent en treffaillant à la voix de l'Eternel qui leur ordonne de croître & de communiquer l'étincelle de la vie , le célibataire feul ofe refter oifif parmi l'activité féconde de tous les êtres : au milieu des hymnes de la volupté & de la reconnoiffance, il s'ifole triftement , il devient d'avance le tombeau de fa poftérité , & autant qu'il eft en lui , anéantit la fociété qui lui donna l'exiftence. M. Thouret a donc eu raifon de dire que le Clergé n'a rien de naturel. L'homme du Clergé eft, en effet, hors de la nature, hors de la fociété, hors de la condition humaine. Qu'il n'allègue pas la légitimité d'un engagement facré & une perfection imaginaire. La perfection de l'homme eft dans l'exercice le plus utile de fes facultés phyfiques & morales. Elle confifte à fuivre les confeils de la nature, fagement interprêtés par la raifon. (1) Toutes les

---

(1) Quelques perfonnes ne manqueront pas de m'objecter l'autorité de l'Eglife & l'antiquité du céllbat Eccléfiaftique. J'ai déjà répondu & je répondrai encore à la premiere objection. Quand à la derniere, j'ofe penfer que l'antiquité d'un abus ne le rend pas plus refpectable. Dans les objets de la foi, toute innovation feroit fans doute une erreur ; en toute autre ma-

fois que Dieu se tait hors de nous sur nos devoirs,
il s'explique au-dedans par la voix de la raison
& de la conscience. Leur résister alors, c'est
résister à Dieu même. Le célibataire par système
n'est plus dès-lors qu'un être dépravé, qu'un man-
dataire infidèle, qu'un monstre, en un mot,
puisqu'on ne sauroit le ranger dans aucune classe
parmi les êtres. Que des hommes qui n'ont à offrir
à l'hymen qu'une organisation foible ou de repous-
santes difformités se condamnent au célibat, c'est
une déplorable nécessité dont il faut accuser la
nature. Tous les arbustes d'une pépinière ne sont
pas doués d'une égale vigueur, & la nature qui
produit à ses erreurs comme l'art qui l'imite. Mais
que des citoyens sur qui elle avoit manifesté ses
vues par la plus heureuse conformation, trompent sa plus chère espérance, qu'ils abdiquent
leur humanité par un vœu solemnel, qu'ils soient
fiers après de leur nullité, & de l'aliénation insen-
sée du premier de leurs priviléges, en vérité cette
orgueilleuse dégradation doit indigner à la fois
Dieu & les hommes ; cette castration morale est
aussi révoltante aux yeux du philosophe que l'indigne mutilation exercée en Asie sur les gardiens
impuissans d'un serrail effeminé, & en Italie, sur
les malheureuses victimes de l'art musical.

---

tière, je ne connois rien de plus absurde que cette manière
d'argumenter. La tyrannie des faits n'a pas été la moins cruelle
de toutes. Ne cherchons plus notre devoir dans l'histoire, il
est dans notre raison. Consultons la raison d'autrui, mais
soyons-en les juges & non les esclaves. Où en serions-nous si
l'Assemblée Nationale n'avoit suivi d'autre guide que les Etats
de 1614 ?

Ah ! écartons de nos lèvres tous les vœux tyranniques. Les chaînes impofées par la nature, la religion & les loix, ne fuffifent-elles point à notre foibleffe téméraire, & notre hommage, pour être libre, en feroit-il moins agréable à la Divinité ? Que ce jeune homme mélancolique embraffe le célibat, puifque fon dépit ou fon inclination l'y déterminent, mais qu'il l'obferve fans contrainte. Que fi la liberté eft un fardeau pour lui, & s'il faut abfolument un lien à fon cœur pufillanime, hommes, qui que vous foyez, retirez-vous, laiffez-le contracter tête-à-tête avec la Divinité, & qu'il foit tout feul le garant de fa promeffe. Et quel feroit le titre de votre intervention ? Qui vous a chargés d'être fa caution auprès de l'Etre fuprême ? Il faut le dire & le répéter, aucune puiffance terreftre ne peut enchaîner un être raifonnable par la loi du célibat. D'après la maxime inconteftable que l'Eglife eft dans l'Etat & non l'Etat dans l'Eglife, le Clergé ne peut point impofer cette loi à fes membres. Elle nuit à la fociété fans intéreffer la Religion. De plus, toute loi qui heurte de front le droit naturel, eft nulle effentiellement, & ne lie perfonne, même en confcience. L'Etat ne peut pas davantage fanctionner cette Loi. Peut-il être abfurde à fon préjudice ? Peut-il légitimer ce que l'Eglife n'a pas eu le droit de faire ? L'Etat doit fans doute refpecter la Religion qu'il a adoptée ; mais par-tout où elle ne lui fait point la loi, il ne doit confulter que la raifon & l'intérêt de la chofe publique. Le Légiflateur politique ne diftingue point des Prêtres, des Nobles, des Roturiers, il ne voit & ne doit voir que des

Citoyens! *Il n'a point de compétence dans l'autre monde,* & s'il a le droit de s'occuper encore une fois du vœu de chasteté, c'est pour briser le lien civil qui le rend irrévocable. Le célibat religieux ne peut donc être une vertu aux yeux des Gouvernemens. La continence considérée par rapport a l'homme bien constitué qui la pratique, ne peut être admirée par l'homme d'état que comme un chef-d'œuvre de difficulté vaincue, un véritable tour de force ; mais s'il la considère dans ses effets, il ne doit voir en elle qu'un vice monstrueux, & dans celui qui la pratique, qu'un ennemi de la société. Quel renversement d'ordre & de droits ! Dans l'institution du célibat, l'autorité spirituelle fit une loi politique, & l'autorité temporelle fit une loi de religion. Les barbares ! ils devoient paralyser la pensée dans le cerveau, & empêcher pareillement la génération des idées ! Mais voyons quel a été l'effet de cette ligue absurde des deux autorités contre les droits imprescriptibles de l'homme.

On reproche au Clergé bien des vices que la malignité exagère encore avec complaisance. Mais l'oisiveté, l'avarice, l'égoïsme dont on l'accuse, ne sont-ils pas les vices du célibat ? » L'expérience fait voir, dit Burlamaqui, que, » toutes choses d'ailleurs égales, ceux qui sont » peres de plusieurs enfans, sont de beaucoup » meilleurs Citoyens que ceux qui vivent dans » le célibat. C'est que les premiers tiennent à » la société par beaucoup plus de liens. C'est » proprement ici une extension de l'amour-propre. » Aussi a-t-on remarqué que ces hommes disgraciés de la nature, qui sont, pour ainsi dire,

morts

» morts au moment de leur naiſſance, ſont de
» tous les mortels les plus inſouciables ; gens durs
» & cruels, incapables de compaſſion, & inac-
» ceſſibles à la pitié. » Légiſlateurs inconſéquens,
c'eſt donc vous-mêmes, ce ſont vos abſurdes
inſtitutions qui pervertiſſent les hommes. Si les
mœurs du Clergé ſont trop ſouvent le ſcandale
de la Religion, l'immoralité n'eſt-elle pas plutôt
dans la loi qui les néceſſite ? N'eſt-ce pas cette
loi impolitique & barbare, qui place l'Eccléſiaſtique entre une dure inſenſibilité & le parjure,
la fornication ou l'adultère ? Ce n'eſt donc plus
que par un crime qu'il peut retourner à la nature !
Auſſi combien d'Eccléſiaſtiques euſſent été bons
Prêtres & bons Citoyens, ſi cette loi abuſive ne
les eût empêchés d'être l'un & l'autre ? De combien
de femmes charmantes n'a-t-elle point flétri le
bonheur & les vertus ? Combien de Citoyens ſen-
ſibles & timorés fuyent tous les jours un engagement redoutable qui les auroit ſéparés des plus
douces affections, tandis que des intrus ambitieux, des jeunes gens ſans retenue, dont une
ſpéculation de famille a dès l'enfance déterminé
la vocation, portent à l'Autel un pied téméraire !
Ils ſavent bien qu'ils trouveront dans le libertinage un dédommagement à leur ſacrifice. Quel
fléau pour les mœurs qu'un pareil engagement,
quand l'homme vertueux craint de le contracter,
& que l'homme vicieux ne craint pas de l'enfrein-
dre ! Quel nom donner à une loi dont l'obſervation
eſt un vice politique, & dont la violation eſt un
vice moral & politique tout enſemble ? Ajoutez
à ces inconvéniens qu'un homme qui ſe voue
au célibat, y condamne en même-tems une per-

fonne de l'autre fexe. Ainfi un feul facrifice frappe toujours deux victimes. Quand Fenelon eut pro-noncé ce vœu fatal qui dut tant coûter à fon ame fenfible, quelle perte immenfe pour l'infortunée qui pouvoit efpérer d'être fon epoufe !

Il eft donc vrai que cette bizarre inftitution ne produit aucun bien, & qu'elle fait beaucoup de mal. En vain s'efforceroit-on de la rendre plus refpectable par l'idée d'une plus grande perfection. Cette perfection doit être la vertu libre d'un cœur prévenu du fecours de la grace, & non la vertu d'un efclave (1), contrainte par des loix, & foutenue par des bayonnettes. Qui êtes-vous, ô hommes, pour forcer vos femblables à un facrifice que Dieu n'a exigé d'aucun mortel ? L'expérience ne vous a-t-elle pas encore affez prouvé l'illufion de votre tyrannie ? Infenfés ! vous pouvez bien pervertir les fentimens de la nature, mais vous ne parviendrez jamais à les étouffer. Tel eft le fort des loix vicieufes, elles font éludées, & l'infracteur tire de leur abfurdité fa juftification ou fon excufe.

La Loi du célibat doit donc être mife au rang

____

(1) Vous m'objecterez que les Eccléfiaftiques ont promis folemnellement de garder la continence, & qu'ils l'ont pro-mis à un âge où ils devoient connoître l'importance de leur engagement. Cette objection eft des plus frivoles. Les Prêtres ne fe font voués au célibat que parce que vous en avez fait une condition *fine quâ non* de leur admiffion au facerdoce ; mais fi vous n'aviez pas le droit d'y appofer cette condition, que devient leur engagement ? d'ailleurs, ils ne peuvent pas fe dépouiller d'un droit dont la nature les a inféparablement inveftis. Le droit de conferver fa vie n'eft pas plus inaliénable que celui de la tranfmettre.

de ces abus que la raifon dénonce, & que la
Nation doit fe hâter de déraciner. Que fon abolition s'effectue, la réforme du Clergé va s'opérer
d'elle-même. Les affections de l'Eccléfiastique
concentrées dans l'abjection du *moi* humain, vont
fe déployer hors de lui, & s'étendre fur la fociété
entière. Il y prendra la place que lui avoit affigné
la nature. Étonné d'abord, attendri enfuite de fes
nouvelles rélations, il ne voudra plus être le fpecta-
teur infenfible des deftinées de fa patrie. Il y
attachera les fiennes. Son miniftère qu'il aimera
davantage depuis qu'il lui aura permis d'être
Citoyen, imprimera à fa morale je ne fais quoi
de plus onctueux & de plus aimable. Les vérités
pratiques, les vertus ufuelles, celles de tous les
jours, de tous les inftans, feront fes fujets de prédilection; il les retracera dans fes mœurs, &
quand il aura, comme fes compatriotes, cédé
une portion de fa fortune aux befoins de l'Etat,
il fe croira obligé à une plus forte contribution de
vertus, de talens & d'exemples. Loin de fe croire
fouillé par les devoirs de l'hymen, il les regardera
comme des actes de patriotifme & de religion.
Donner des Citoyens à l'Etat, n'eft-ce pas en
effet gagner des ames à Dieu, n'eft-ce pas déja
lui faire des profélytes ? Il fera Miniftre plus
vertueux, parce qu'il fera Citoyen plus fenfible.
Qui fera époux plus fidèle, père plus tendre, ami
plus difcret & plus affectueux ? Le foin de fon
troupeau, l'éducation de fes enfans, les occupations touchantes de l'agriculture, tous les amu-
femens utiles, tous les goûts innocens germeront
à la fois dans fon ame, & fe partageront fes
journées. C'eft ainfi que des hommes accufés d'avoir

dépravé les mœurs, pourroient contribuer à leur restauration. Croit-on qu'un certain nombre de ménages heureux par les vertus civiles & religieuses dont ils offriroient le tableau édifiant, n'imposeroit pas au libertinage du siècle ? Pense-t-on que l'éloquence attirante de tant de bons exemples, n'engageroit personne à les imiter & à se convertir à la Religion & à la Patrie ? Alors l'Eglise ne se recruteroit plus d'intrigans ambitieux, ou du rebut des familles indigentes. La pénurie de sujets ne forceroit plus les Evêques à faire des choix indignes ou équivoques. Des hommes opulens, des aînés de famille ne s'éloigneroient plus de l'état de la société où l'on peut faire le plus de bien, de l'état le plus honorable aux yeux de la raison même. « Si la loi du célibat étoit abolie, » a dit un Auteur moderne, les Ecclésiastiques » seroient les plus heureux des mortels. Ils au- » roient les femmes les plus vertueuses, les mieux » élevées. Cent Villes bâties en France par ce » nouveau peuple seroient presque aussi tôt peu- » plées de Citoyens éclairés & laborieux. »

Vous ne négligerez point ce projet vraiment digne de votre sagesse, ô vous dont les hautes destinées sont de créer celles de notre Empire. Graces à votre courage si énergique, même dans sa patience, la liberté de l'homme va devenir immuable comme ses droits, éternelle comme notre reconnoissance. Toutes les erreurs antiques disparoissent devant votre raison, toutes les tyrannies devant votre force. Le monstre du célibat pourroit-il donc résister à ce double ascendant de vos lumières & de votre puissance ? Quand vous déclarez à tous les François qu'ils ne dépendent plus que de la loi, une claſſe intéreſſante de Citoyens reſteroit-elle aſſervie à une opinion funeſte que vous auriez conſacrée ? Vous avez reſtitué ſes droits à la nature : pourriez-vous bien vous contrarier vous-mêmes en laiſſant ſubſiſter une loi qui les contredit ? Vous qui voulez rendre ſon luſtre à la religion, & aux mœurs publiques leur antique pureté, pourriez-vous bien protéger un abus qui déshonore la Religion en corrompant les mœurs publiques ? Vous demandez à tous les Citoyens une égale contribution aux beſoins de la France ; pourquoi, par une exception bizarre & pernicieuſe, le Clergé ſeroit-il diſpenſé de la plus indiſpenſable des contributions, celle qui conſiſte à donner des Citoyens à la Patrie ? Enfin vous voulez arracher à la ſervitude ces hommes infortunés que la nature a ſéparés de notre globe, & qu'une cupidité barbare a trop long-tems ſéparés de notre eſpèce ; pourrez-vous de la même main qui ſignera leur délivrance, reforger les fers de vos amis, de vos parens, de vos frères ? Ah ! repouſſons la crainte d'une auſſi monſtrueuſe contradiction. Puiſque vous avez mis les droits de l'homme (1) ſous la ſauve-garde de votre équité ;

---

(1) L'Aſſembée Nationale a déclaré expreſſément que le but de toute aſſociation politique eſt la conſervation des droits naturels & impreſcriptibles de l'homme, que ces droits ſont la liberté, la propriété, la ſûreté & la réſiſtance à l'oppreſſion. (Art. 2 des droits de l'homme.)

Que la liberté conſiſte à faire tout ce qui ne nuit pas à autrui. (Art. 4)

Que la loi n'a le droit de défendre que les actions nuiſibles aux autres. (Art. 5.)

E 3

puifqu'il eſt vrai que vous avez déclaré ſa liberté inaliénable, les fers des Eccléſiaſtiques féculiers tomberont comme ceux des Religieux, & le Dieu des François ne ſera déſormais ſervi que par des hommes libres. Tous les inconvéniens politiques (1) attachés au mariage des Prêtres ſe ſont évanouis avec leurs propriétés. Rien ne peut donc vous faire obſtacle. Rendez le Prêtre à la nature, à la ſociété, à la religion, à lui-même. Le préjugé en expirant, pouſſera des plaintes & des murmures. la ſuperſtition & l'ignorance vous accuſeront de ſapper la Religion de l'Etat, mais l'exploſion de l'applaudiſſement général abſorbera leurs clameurs impuiſſantes, & vous n'entendrez bientôt que le concert de l'admiration de l'Europe, unie aux bénédictions de la France entière.

(1) Il en reſteroit bien quelques-uns, mais ils ſeroient nuls, comparés avec ceux qu'entraîne le célibat.

OPINION

D'UN CITOYEN DU DISTRICT,

Jointe aux Opinions précédentes.

MESSIEURS,

Dans notre dernière Assemblée, il fut question des Prêtres, relativement à leurs gardes ; un honnête Citoyen fit une Motion que pour les rendre militaires comme nous, il falloit anéantir le célibat ; afin qu'ils soient dans la classe des bons Patriotes, comme pères de familles & bons Citoyens que l'esprit d'intérêt & de corps a toujours écartés.

Nous avons apperçu, Messieurs, que par contre-coup, cela produiroit un grand bien pour les mœurs & la religion, dont le dogme doit être respecté de tous les sages, & reçu de tous les Chrétiens ; mais que quant à la discipline, elle peut varier suivant les circonstances.

Le célibat des Prêtres, qui n'en ont pas la grace, a des suites, vis-à-vis le Peuple, de la plus grande conséquence ; le mariage, est la condition naturelle de tous les hommes ; ce sont des exceptions à la règle, quand on s'en dispense ;

E 4

ils n'y a que très-peu de personnes, qui puissent
se flatter de combattre & dompter la nature pendant leur vie ; les graces surnaturelles ne sont
pas pour tous ; elles sont un don du Ciel, réservé
à un très-petit nombre ; l'expérience fatale de tous
les tems l'a fait voir.

Le Prêtre qui a brisé un vœu qu'il croit sacré,
franchit sans beaucoup délibérer les barrieres de
la délicatesse ; & son ame ébranlée par ce dangereux
essai, dépasse celles de la vertu ; c'est ainsi qu'il
devient un hypocrite insigne ou un libertin, & le
tort qu'il dit n'être que pour lui seul, se répand
sur les victimes de ses passions, & sur ceux qui
sont frappé du scandale qu'a donné le mauvais
exemple de sa conduite : s'il est châtié, il en est
quitte pour quelque tems de Séminaire, pour
avoir entraîné une foule innombrable de Citoyens
dans un labyrinthe d'erreurs & de précipices.

Ne vous y trompez-pas, Messieurs ; les trois
quarts se sont trompés sur leur vocation ; ils se sont
destinés à l'état ecclésiastique sans fortune & sans
talens, parce que l'Eglise leur présentoit les moyens
de vivre dans l'oisiveté & la molesse ; pétris d'orgueil & d'ambition, ils espéroient arriver aux
honneurs & à la fortune, mais le tems est passé.

Le Prêtre marié a infiniment d'avantages pour
le bien de la religion ; rien ne peut le distraire des
fonctions de son ministère ; ses affaires temporelles
ne les lui font point abandonner ; le tems qui lui
reste se divise dans sa famille, entre sa femme &
ses enfans ; il demeure constamment au milieu de
son troupeau pour le veiller avec exactitude, &
être à portée de lui administrer tous les secours qui
dépendent de lui ; il édifie doublement ; sa charité

s'étend & se multiplie par toutes les branches dont il est le tronc. Sa femme & ses enfans doivent faire connoître qu'ils appartiennent à un Pasteur de l'Eglise.

L'avantage de ce Prêtre marié au tribunal de la Pénitence, est qu'il peut donner sans inconvéniens des conseils salutaires à une fille ou à une femme qui se trouve en perplexité. Que peut lui dire le jeune Prêtre comme nous en voyons ici, qui ne doit rien connoître du cas dont il s'agit, qui n'a point de grace surnaturelle ? la Pénitente l'instruira-t-elle, ou si mutuellement ils s'instruiront ? Quelle crise terrible pour deux jeunes personnes, également tourmentées par la nature ! Je défie que l'on puisse concilier la compétence d'un tel Juges avec le bon sens & la raison.

D'un autre côté, on expose les ames à la profanation des plus saints Mystères. Une femme modeste & de bonne foi, accusera plutôt sa foiblesse à un père de famille, qu'elle sait devoir moins étonner, & qui peut lui donner les consolations qu'elle espère de ses remontrances & de ses bons conseils.

Dans les pays non catholiques, où les Prêtres se marient, l'on voit toujours un bon exemple ; le scandale de leur part est très-rare : il est bien moins dangereux pour le Peuple, que celui des Prêtres de notre Communion, qui semblent avoir fait vœu de renoncer aux femmes, & qui prêchent la continence : leur conduite a toujours influé sur l'esprit des peuples qui les ont pris pour modèles.

La fameuse question du Mariage des Prêtres fut proposée au Concile de Trente. — Le motif fut le même qu'aujourd'hui, c'est-à-dire, que le célibat est un état extraordinaire dont très-peu de personnes sont capables. — Le Pape Pie II a dit que pour de bonnes causes, l'Eglise avoit défendu le mariage aux Prêtres occidentaux ; mais que pour de meilleures raisons & bien plus fortes, il le leur falloit permettre. Voyez à l'Histoire du Concile de Trente, la remontrance des Théologiens Catholiques d'Allemagne, qui prouve que la Sainte Ecriture du vieux & du nouveau Testament ne s'oppose point aux mariage des Prêtres, & qu'au contraire les Apôtres étoient mariés. Cette question a restée indéfinie, rapport que le Pape auroit perdu le profit des résignations. Tous les Conciles néanmoins ont été d'accord que le célibat des Prêtres n'est point tenu par raison de vœux, tels que ceux de la profession religieuse, ni par aucune Constitution ecclésiastique, ni par tradition apostolique, puisque les Apôtres étoient mariés ; il n'est pas même de discipline, puisqu'aucune autorité n'a prononcé sur cette question. Elle peut être examinée par les politiques, sous les points de vue de l'intérêt des Nations, le bien de la religion & le bonheur de tous les Chrétiens.

Nous devons donc demander à l'Assemblée Nationale de trancher la question sur le célibat des Prêtres pour le bien de la morale & des mœurs.

RÊFLEXIONS

PRISES

D'un Ecrit de M. Hugou de Bassville,

INTITULÉ:

Le Cri de la Nation a ses Pairs, *ou* Rendons les Prêtres Citoyens.

Quoi! dans ces tems où l'énergie de la liberté va développer les talens, faire des héros & des sages, où le François a contracté aux yeux de l'univers, l'heureuse obligation des vertus, par la sanction d'homme, de citoyen libre, nos prêtres seuls ne seroient ni citoyens, ni libres! Au sein même de la liberté, ils seroient privés de ce premier don de la nature, de ce premier bienfait de la société! ils auroient encore le droit de nous faire ce cruel reproche, s'il n'étoit plus humiliant de nous le faire à nous mêmes! Etres déja malheureux, parce qu'on les a isolés, nous les ferions plus malheureux encore par la perte de leur droit de cité, par celle de leur liberté, & leur triste destinée seroit toujours celle de vivre sans appui, & de mourir sans consolation!....

Enfin, les Prêtres ne tiennent point à la société

par le premier, par le plus refpectable des liens ;
il n'y tiennent par aucun lien. — Le célibat eft
une ingratitude monftrueufe envers le créateur,
le reproche tacite de ce qu'il nous a donné l'e-
xiftence, le mépris des décrets de fa divine providence, le renverfement de l'ordre admirable
qu'il a établi entre les générations des hommes
& la durée des nations ; c'eft l'infraction des lois
de la nature & de celles de la religion, uu coupable égoïfme, une lâcheté criminelle, une
double injuftice qui, dans les victimes d'un feul
fèxe, frappe autant d'individus de l'autre : le
célibat eft un état de mort ; il attaque, il arrête
les générations dans leurs cours, & les plonge
dans l'éternel oubli. L'exiftence du célibataire
eft muette, vicieufe, ifolée & précaire : ce n'eft
qu'une demi-exiftence ; le célibataire eft mort
avant de ceffer de vivre : être malheureux, dont
l'ame ne s'eft jamais épanouie au doux nom, au
tendre fentiment d'époux & de père, fes goûts
ne font que menfonges, qu'infidélités, fes jouif-
fances font inquiètes, tronquées, frauduleufes ;
être hautain qui a cru fe fuffire à lui même, trop
amateur de foi pour s'être jamais attaché à perfonne, les délices du cœur lui font inconnues ;
il eft loin du bonheur ; pour en avoir pourfuivi
la fatiété, il fera condamné à végéter dans l'ennui,
dans l'inutilité, jufqu'à ce que la maladie ou le
déclin de l'âge viennent enfin l'avertir de fon
erreur, & lui caufer des regrets inutiles, parce
qu'ils feront trop tardifs. Le célibataire n'a eu de
fentimens fixes pour perfonne, perfonne n'en
aura pour lui ; il n'infpirera ni intérêt, ni com-
mifération ; les fecours lui feront ménagés, re-

prochés, refusés dans le tems qu'il en aura le plus grand besoin : bientôt la nature & la société qu'il a trompées reprendront leurs droits, & le repousseront de concert : le célibataire est un poids inutile sur la terre ; sa place ne peut être occupée trop-tôt, puisqu'elle a été si mal occupée.

Et c'est à cet état de honte & d'avilissement que vous réduisez nos Prêtres ! vous n'avez pas voulu qu'ils fussent citoyens ; vous ne voulez même pas qu'ils soient hommes..... jetez les yeux sur les états les plus florissans de l'Europe ; voyez leurs Prêtres-citoyens : ils sont bons patriotes, bons amis, époux fidèles, tendres pères ; ils sont le modèle des époux, l'exemple des pères, & ils sont en cette double qualité les pasteurs du troupeau, sous les rapports les plus essentiels à la société : nous serions nous-mêmes meilleurs citoyens, meilleurs époux, meilleurs pères, si nous avions les mêmes modèles dans nos Prêtres : l'exemple d'un citoyen parle au cœur d'un citoyen ; l'exemple d'un époux convertit un autre époux. Le ministère du Prêtre célibataire est puéril & rétréci ; son exemple n'instruit que les enfans : celui du Prêtre citoyen est seul utile à tous les membres de la société. Il dit au citoyen : Soyez bon patriote, ami sincère comme moi. Il dit à l'époux : Cessez d'errer dans les sentiers pénibles & ruineux de l'inconstance ; l'Etre suprême a mis dans votre union un trésor infini de délices & de consolations : cessez de vous déshonorer par le parjure, par l'infidélité, & devenez enfin époux fidèle comme moi, &c. Ce ministère est grand ; il parle à tous les citoyens, il les touche, il les entraîne, il perfectionne la

société par la voie la plus sûre, celle de la perfection & du bon exemple.

O mes concitoyens, que je vous plains ! vous
êtes bons, & vous voulez devenir meilleurs ;
ce n'est point votre faute si vous ne l'êtes pas :
réformez votre clergé, faites vos Prêtres citoyens
& époux ; exigez d'eux qu'ils vous donnent
l'exemple des vertus sociales : ils vous le doivent ;
& qu'enfin ils remplissent la partie essentielle de
leur ministère, celle qui instruit directement la
société, qui la perfectionne par le bon exemple :
bientôt vous serez meilleurs patriotes ; époux
chéris & respectés, le bonheur sera dans vos
familles, & la prospérité dans l'État : c'est le
célibat qui en a été jusqu'ici le fléau & la perte,
c'est lui qui le premier y a introduit l'infraction
des lois & tous les genres d'excès qui nous ont
jetés dans le dédale odieux des exceptions & des
priviléges ; il a été dans tous les tems la honte,
le scandale du clergé, & aujourd'hui il anéantit
ses victimes sous le poids du mépris ; suite nécessaire du scandale : c'est un fantôme de perfection, mais un monstre réel d'injustice qui a osé
changer les mœurs des premiers prêtres & des
patriarches, & qui contrarie celles de tous les
prêtres de l'univers ; c'est un enfant d'orgueil
qui n'a été caressé au concile de Trente par les
jeunes Prêtres, qu'au mépris du jugement, plein
de sagesse, des anciens Pères de ce Concile ; c'est
enfin une tyrannie qui n'a été imaginée que dans
les vues de conserver les biens de l'Eglise : heureusement ce motif n'a plus lieu en France, & le
célibat des Prêtres ne peut point y avoir le plus
léger prétexte.

LETTRE

ÉCRITE

A L'AUTEUR DE LA MOTION.

Londres 25 Janvier 1790.

MONSIEUR,

GRACES éternelles vous soient rendues de ce que vous avez eu le premier la noble hardiesse de faire la Motion : *qu'il soit permis aux Prêtres de se marier.* Vous êtes , Monsieur , le véritable apôtre des bonnes mœurs. Votre nom sera inscrit avec distinction dans l'histoire de la mémorable Révolution qui s'opère en France. Vous avez attaqué ouvertement un vœu aussi ridicule qu'indiscret. L'on voudroit inutilement calculer tous les maux qui s'en sont suivis jusqu'à ce jour. Je lis avec plaisir qu'aucun des Ecclésiastiques de votre District , qui sont en grand nombre , n'a réclamé contre votre Motion. Hé! quel homme sensé peut aujourd'hui persévérer dans la croyance que le vœu de chasteté est agréable à Dieu! Les Ecclésiastiques des autres Districts ne réclameroient pas davantage, fi un d'entre eux avoit le courage de faire la même Motion. Il en eft plufieurs que probablement vous connoiffez, qui ne defirent pas moins de voir le Clergé jouir du plus précieux des droits de l'homme, mais la honte, d'autres confidérations, peut-être, les empêchent d'élever la voix pour le demander. Votre gloire feroit complette, Monfieur, fi, ufant de l'afcendant que donnent le génie & la vertu fur des efprits foibles, vous les aidiez par vos confeils à vaincre leur timidité. Que la volonté du Clergé de Paris foit connue de l'Affemblée Nationale, & l'Affemblée y déférera auffi-tôt, & tout le Clergé de France fera heureux. Je ne vois point d'Anglais inftruit de votre Motion, qui ne vous admire. Cet Abbé, difent-ils, a un grand caractère : fa Nation lui devra beaucoup. Je fens autant que perfonne combien vous êtes digne des éloges de ce Peuple généreux. Je vous dois, comme tout homme jufte, un tribut de louanges, & comme Eccléfiaftique Français, un tribut de reconnoiffance. Si votre Motion eft accueillie, comme je dois l'efpérer, il me fera libre de rentrer dans ma patrie, & je regarderai comme mon premier devoir, d'aller vous préfenter mes hommages, & vous affurer de vive voix des fentimens de reconnoiffance & de refpect avec lefquels j'ai l'honneur d'être,

MONSIEUR,

Votre très-humble & très obéiffant
Serviteur,

G *** , Prêtre du D. de P.

DERNIER

DERNIER COUP DE CLOCHE

CONTRE

LE CÉLIBAT ECCLÉSIASTIQUE.

LE premier prodige qui signale l'avénement de J. C. c'est la fécondité d'Elisabeth, mère de Saint Jean, qui remercie Dieu de l'avoir délivrée de l'opprobre où elle étoit à cause de sa stérilité; ce sont des nôces que J. C. daigne honorer du premier de ses miracles, lorsqu'il change l'eau en vin à Cana. Nulle faveur semblable n'est accordée à la virginité; donc J. C. ne l'a point préférée au premier état de l'homme.

Mais bien loin que cette prétendue vertu ait été ordonnée, n'est-elle pas proscrite formellement par ces paroles de Saint Mathieu : *que l'homme ne doit point séparer ce que Dieu a joint* ? l'homme & la femme ne devant former *qu'une même chair*, que prétendent les vains sophistes du célibat !

Mais il est des eunuques volontaires qui *se sont rendus tels pour le Royaume des Cieux.* Oui, mais *cette parole n'est pas comprise de tous,* & vous voulez en faire une régle générale pour vos prêtres ? vous avez tort contre la nature & contre Dieu.

Je ne vois dans l'Evangile presqu'aucun témoignage en faveur de la virginité; tout atteste au contraire la prédilection de J. C. pour le mariage,

F

ſes comparaiſons les plus familières ſont celles d'un
époux , d'un père , d'un feſtin de nôces ; y aſſiſter
eſt la récompenſe des vierges ſages ; en être exclu
eſt la punition des vierges folles. Il conſole ſes
Apôtres par l'image d'une mère qui à la vue d'un
fils, oublié les douleurs de l'enfantement. Il mau-
dit le figuier ſtérile.

Né d'une vierge, il couvre en quelque ſorte
de l'ombre du mariage ſon origine divine ; la
Sainte Vierge eſt mariée ſelon les rites de la Loi ,
& paſſe toujours pour l'épouſe de Joſeph.

Mais il n'a point été marié... Le fils de Dieu
n'étoit point aſſujetti aux beſoins des hommes, dit
Saint Clément d'Alexandrie.

Saint Paul paroît peu favorable au célibat ; mais
on abuſe de ſes paſſages : *Ce ſont les afflictions pré-
ſentes*, ſelon lui, qui doivent faire embraſſer le
célibat ; les premiers Chrétiens qui ne voyoient que
des gibets, ne vouloient pas laiſſer des femmes
& des enfans dans la peine. Ils ſe dégageoient donc
de tout lien pour aller plus hardiment au martyre.
Nous ne ſommes plus dans cette poſition.

D'ailleurs, dans ces premiers jours du Chriſtia-
niſme, on craignoit la fin prochaine du monde ;
ce n'étoit pas la peine de ſe marier pour ſi peu de
tems.

Mais, dit-on, l'Apôtre donne la préférence au
célibat ſur le mariage ; point du tout : quand il dit
qu'il vaut mieux *ſe marier que brûler*, il veut parler
des ſecondes nôces, que certaines gens défendoint
mal à propos.

Saint Paul lui-même étoit marié ; c'eſt le ſen-
timent de pluſieurs Pères de l'Egliſe, & d'Origène
lui-même, qui penſe que Saint Paul a voulu parler
de ſon épouſe, dans l'Epître aux Philippiens ; mais

la traduction latine n'en sonne mot. Chap. 4, v. 3.

Il est bon de ne point toucher aux femmes. Voilà encore un de ces passages dont on abuse. Il est absurde dans sa généralité ; ce n'est donc pas là le sens de Saint Paul. Il veut dire qu'on peut s'abstenir de sa femme, quand le but du mariage est rempli : mais il n'a garde d'en faire une loi.

Quant au passage de l'Evêque *mari d'une seule femme*, voici qui déconcerta un peu les Docteurs du célibat. « L'Apôtre veut seulement, dit Théo-
» doret, (cette autorité en vaut bien une autre,)
» qu'on n'ordonne pour Evêques & pour Prêtres
» que ceux qui n'ont qu'une seule femme. Mais
» on ne peut blâmer celui qui étant séparé de sa
» femme, par la mort, *est forcé par son tempéra-*
» *ment* d'en épouser une seconde. »

Il ne faut point, dit Saint Clément d'Alexandrie, interdire le mariage, mais seulement prescrire la modération de ses plaisirs. Il ajoute quelques lignes plus bas : « que le Prêtre, le Diacre ou le Laïque,
» il n'importe, n'ayant qu'une seule femme, seront
» sauvés par la procréation de leurs enfans.

Le même Père déclare la guerre aux Carpocratiens, aux Marcionites & autres hérétiques célibataires, en leur opposant l'autorité de Saint Paul, qui veut qu'on prenne pour Evêque celui qui est marié, & qui a déjà appris à régler sa famille. Cela donneroit à entendre que le mariage étoit d'obligation pour l'Episcopat : & certes la prudence & le bon sens le vouloient ainsi.

La rivalité des sectes, la charlatanie du rigorisme, la mélancolie de certains tempéramens, des idées chimériques de perfection, voilà les véritables causes du célibat réduit en système.

Les Indiens , les Syriens, les Egyptiens, les Bonzes & les Faquirs y ont donné tête baissée. Les en estimons-nous davantage ?

Athénagore plaidant contre les Payens , dit que les pénitences effrayantes ne peuvent être que l'ouvrage des démons ; mais que le vrai Dieu ne nous porte jamais à ce qui contredit la nature. Le dogme du célibat seroit donc, selon ce Père , un reste de paganisme.

Saint Clément d'Alexandrie ne tient pas un autre langage. « Voyez, dit-il , la plupart des » Prêtres des Idoles : leurs cheveux sont hérissés , » leurs habits sales & déchirés ; ils s'abstiennent » des bains, laissent croître leurs ongles, quel- » ques-uns même attentent à leur virilité.

Les Religions rivales se sont fait honneur de ces macérations contraires au véritable esprit du Christianisme. Delà le vœu de chasteté. C'est à qui en fera le plus pour l'emporter sur les autres. Les Platoniciens , bizarres contemplatifs, à force de mépriser le corps pour élever l'ame, furent des docteurs dangereux du célibat ; mais les philo-sophes s'en vont, & la nature reste.

Ce n'étoit pas là l'esprit des premiers Chrétiens. Il n'affectoient & n'exagéroient aucune vertu. M. Fleuri nous le fait bien dire , & il avoit du bon sens, ce M. Fleuri.

Pour multiplier le nombre des vierges, dit Tertullien , on les combla d'honneurs & de priviléges. Les aumônes les plus abondantes étoient pour elles seules : elles avoient le droit de paroître dans l'Eglise la tête découverte. Il n'en falloit pas davantage pour encourager l'état. Mais on se donnoit

le baiser de paix dans l'Eglise ; le femmes mariées
le donnoient & le recevoient fous leur voile, & les
vierges pratiquoient la même cérémonie à vifage
découvert. Quelle occafion, difoit Tertullien, de
prendre feu mutuellement ! Auffi les, fcandales
devenoient fréquens : ils l'auroient été bien davantage fans des précautions criminelles qui font fré-
mir la religion & la nature.

Cependant la doctrine de le virginité faifoit des
progrès, & on tentoit d'un moment à l'autre d'y
affujettir les Prêtres. Cela ne réuffiffoit point au
gré des dévots. Saint Cyprien écrivant au Pape
Corneille, fe plaint d'un Prêtre d'Afrique qui
avoit fait avorter fa femme en lui donnant un coup
de pied. Certainement il ne faudroit pas demander le mariage pour les Prêtres Français s'ils avoient
de pareilles mœurs. Mais ce fait prouve que les
Prêtres Africains, tout rigoriftes qu'ils étoient,
avoient des femmes, & ce n'eft que fur la violence
criminelle de celui-ci que Saint Cyprien fonde fes
reproches.

On ne dira pas qu'il y eut une diftinction d'ordres
pour le mariage, on le croyoit bon pour tout le
monde, pour les Soudiacres, les diacres, les Prêtres
& les Evêques.

On feroit une longue lifte de tous les Evêques
ou Prêtres qui ont été mariés dans les quatre premiers fiècles. On eft devenu plus fin dans les fui-
vans : moins on a eu de mœurs, & plus on en a
affecté les apparences : ainfi va le monde.

Les premiers hérétiques, grands célibataires de
profeffion, & plus grand libertins en réalité, cher-
chèrent à fe diftinguer par un air de rigorifme dont
ils favoient bien s'affranchir dans le fecret. Quelle

source impure du célibat ! Les honnêtes gens, échauffés par les reproches de ces hypocrites, voulurent faire comme eux : petit à petit le célibat devint une vertu, & l'on s'accoutuma à rougir de la nature.

Il est vrai que les partisans de ce système trouvèrent quelques grands noms pour l'appuyer. St. Ambroise prêchoit le célibat à outrance, & les mères enfermoient leurs filles pour les empêcher d'aller à ses catéchismes, car il les exhortoit à se consacrer à Dieu malgré leur parens. Qui osera dire qu'il faisoit bien ?

Saint Jérôme ne fut pas plus modéré sur cet article; il en vouloit beaucoup aux veuves qui se remarioient; il est plus pardonnable, dit-il, de se prostituer à un homme qu'à plusieurs. Certainement ce sont là des expressions bien peu tolérables.

La virginité une fois érigée en vertu, on sent que son éloge dut entrer dans tous les sermons. Le célibat fut bientôt un ordre à part.

Le nombre des vierges augmentoit, & celui des Ecclésiastiques célibataires en proportion. Un genre de vie qui donne de la considération & du bien, trouve toujours des sectateurs & des sectatrices. Ce fut ce qui amena l'émulation du célibat. Cependant on vouloit vivre en société, on habitoit sous le même toit, dans la même chambre, & quelquefois dans le même lit, & il falloit bien se garder de le trouver mauvais. Saint Chrysostôme paya d'un exil rigoureux les efforts de son zèle contre ces petits ménages. La ressource étoit trop commode pour s'en passer.

Les Moines furent les plus grands propagateurs du célibat; ils commencèrent en Egypte. Là on voyoit les Moines & les Vierges par milliers. Les Couvens d'Espagne & de Portugal ne sont rien auprès. Ils payoient leur dette sociale avec des corbeilles d'osier. Mais point de vœux encore ; ils datent du cinquieme siecle.

Nous avons l'obligation du célibat légal au Pape Sirice, l'an 385. Quel dommage qu'un tel nom soit si peu célèbre ! il écrivoit ainsi à des Evêques d'Espagne & de France : « si dorénavant » quelque Evêque, Prêtre ou Diacre ne garde » pas le célibat, il ne doit plus espérer de pardon. » Beaucoup d'Evêques & de Prêtres se moquèrent de ses menaces. D'autres Papes à la file, suivirent l'exemple de Sirice. Ils avoient leurs raisons pour outrager la religion & la nature par de tels décrets.

Mais les usages de différens pays contrarioient fort les décrets. Ici le Soudiacre, là le Diacre, ailleurs le Prêtre & l'Evêque pouvoient se marier & garder leurs femmes. L'orient tenoit ferme contre les volontés injustes des despotes de l'occident. Nulle loi contre le mariage des Prêtres, pendant six Conciles généraux. Or, qu'est-ce qu'une vertu circonscrite dans un territoire ? si elle avoit été nécessaire au salut, ou utile au genre humain, falloit il qu'elle fut locale, & par cela seul qu'elle l'étoit, peut-on y voir autre chose qu'une tyrannie ?

Car enfin quels sont les argumens des Apôtres les plus intrépides du célibat ?

Saint Jérôme prétend qu'il faut demeurer Vierge, si l'on veut prier toujours, ou cesser de prier si l'on veut s'acquitter des obligations du mariage ; à ce compte, il n'y auroit point de salut pour les gens mariés.

Saint Ambroise fonde la néceffité de la continence dans un Evêque fur ce que l'Apôtre a dit qu'un Evêque doit avoir des enfans obéiffans ; mais fi on lui permet d'avoir des enfans, c'eft lui donner le droit d'en faire.

Ces pères infiftent encore beaucoup fur la pureté des Vierges, & les fouillures du mariage. Mais il n'y a d'impur que le vice ; l'ame ne fe fouille point en rempliffant un devoir, ni le corps en fatisfaifant un befoin.

J'ajouterai ces paroles de Tite de Boftres, l'un des pères les plus éclairés du troifieme fiècle, pour réfuter ceux qui allèguent la concupifcence. « Elle » eft un defir naturel qui a été imprimé dans les » corps, afin que les animaux fuffent portés à la » propagation de leur efpèce ; cet ordre a été » établi par la fageffe infinie du Créateur. Il n'y a » que l'excès de vicieux. »

Le décret du Pape Sirice eut beaucoup de contradicteurs. Les femmes des Prêtres qu'on vouloit forcer de vivre dans la continence, ne goûtoient guères cette doctrine. Trois fiècles de Conciles ne pûrent empêcher la nature d'avoir fes droits. Les Evêques avoient beau faire, le penchant triomphoit toujours ; mille vexations étoient employées contre les femmes & contre les enfans mêmes. Enfin pour dégoûter les Clercs du mariage, on alla jufqu'à le flétrir. Dans certains endroits, l'Eglife étoit interdite pour un mois aux nouveaux mariés. On faifoit enfuite quinze jours de pénitence avant de communier. Voilà-t-il pas de belles loix & de beaux ufages ? regrettons cet heureux tems !

L'Eglife Grecque fut plus raifonnable ; elle n'avoit point de puiffance prépondérante ; on s'y

marioit, & l'on s'y marie encore. La même chose
se voyoit en Angleterre avant le Moine Augustin,
& en Allemagne, avant le Moine Boniface. La
distance des lieux n'y faisoit rien. Les Papes
n'avoient pas encore introduit l'usage de ne vouloir
que des troupes célibataires.

Les Moines étendirent par-tout cette pratique
anti-sociale; ils travailloient pour les Papes. L'argent
& les générations allèrent s'ensevelirent dans les
Monastères.

Grégoire VII, au onzieme siècle, fut celui qui
porta le plus loin ses prétentions. Il forma des
liaisons suivies entre les Evêques & Rome. Il mit
tous les biens du Clergé dans la dépendance des
Papes, & tous les Ecclésiastiques aussi : Pour se les
asservir, il falloit les rendre indépendans de la
puissance temporelle. Le célibat étoit un moyen.
On les isoloit de tout intérêt de famille. Ce Pape
tenoit des Conciles par-tout pour forcer les Ecclésiastiques à quitter leurs femmes. Les plus vertueux,
disent les Historiens, étoient ceux qui crioient
le plus fort contre lui; ils traitoient même d'hé-
résie sa doctrine qui lâchait la bride à l'impureté.
Mais l'inflexible Pontife alloit son train, & sans
s'embarrasser de leurs clameurs, il forçoit les Prélats
à exécuter ses ordres, & lançoit ses excommuni-
cations à droite & à gauche contre les Prêtres mariés.
« Beau service qu'il rendoit à l'Eglise ! rien n'a
» plus décrié l'Ordre ecclésiastique, dit Polydore
» Virgile que l'établissement d'un célibat né-
» cessaire. » Il est devenu pour les Prêtres une
occasion continuelle de débauches; Gerson, le plus
fameux Théologien de son tems, disoit : « c'est
» sans doute un très-grand scandale de voir entrer
» un clerc chez sa concubine; mais ce seroit bien

» pis de le laiffer attenter à l'honneur des filles
» & des femmes de fa Paroiffe. » Refte à favoir
s'il ne vaudroit pas mieux lui défendre la concubine, & lui permettre d'avoir une femme.

Saint Thomas entroit dans ce dernier fentiment, lorfqu'en fuppofant un Accolyte fecrette-
ment marié, & devenu Prêtre enfuite, il le croyoit
moins coupable, s'il ufoit de fa femme que s'il
s'adreffoit à une concubine ; mais des fcélérats de
cafuiftes ont écrit que le concubinage & même
l'adultère font un moindre péché pour un Prêtre
que le mariage.

Cés loix injuftes furent foulées aux pieds dans
une grande partie de l'Europe, à la révolution
occafionnée par un Moine. Le Concile de Trente
vouloit les abolir tout-à-fait à la follicitation de
plufieurs Princes, nommément du Roi de France.
Mais l'infâme Philippe II, ce bourreau de fes
fujets, & ce fléau de l'Europe, intrigua pour
faire échouer le projet. Le Pape Pie IV, de fon
côté, écrivoit à fes Légats, que fi le mariage
des Prêtres paffoit, il feroit réduit à n'être
qu'Evêque de Rome. C'eft donc la politique &
non la raifon qui ont perpétué cet abus étrange.
Faifons fuccéder la raifon à la politique.

On parle de la décence de nos mœurs : en
valons-nous mieux ? la preuve du contraire, ce
font les mêmes plaintes & les mêmes défiances
femées par tout. On défendit autrefois le mariage
aux Prêtres, pour leur concilier davantage, dit-on,
le refpect des peuples : le plus fûr moyen de leur
rendre la confiance & l'eftime qu'ils ont perdues,
feroit de le permettre aujourd'hui.

Depuis que ce remède a été admis dans les
Communions proteftantes, on n'a plus entendu par-

ler de ces divisions scandaleuses entre les peuples & ceux qui sont chargés de les instruire. Depuis deux cens ans, je ne crois pas qu'il existe un seul ouvrage pour taxer d'incontinence le Clergé de ces pays-là ; au lieu que chez nous, c'est le reproche le plus famillier, & la plaisanterie la plus commune.

Non seulement le mariage rendu aux Ecclésiastiques gueriroit la corruption, mais encore, c'est une observation constante, que dans tous les Etats où ils se marient, leurs mariages sont plus féconds & mieux réglés que ceux des autres Citoyens. La modicité des fortunes en écarte les vices ; l'éducation y est meilleure ; on s'y occupe davantage à gagner l'estime & l'affection des peuples ; on est bon mari, bon père, & excellent pasteur. Pourquoi donc cette obstination diabolique à repousser un engagement dont il résulte de si grands biens ? O homme ! reconnois ta dignité, & abjure tes préjugés. Et toi, nature, religion, sociabilité, fait sentir tes impressions à toutes les ames, afin que par un vœu commun, cette servitude barbare & anti-chrétienne soit abolie à jamais.

LETTRE de l'Abbé BERNET DE BOISLORETTE, *Aumônier de la Garde Nationale Parisienne, à M.* RABAUD DE S. ETIENNE, *Ministre Protestant, Président de l'Assemblée Nationale.*

MONSIEUR LE PRÉSIDENT,

LA sagesse éternelle vous a parlé, vous l'avez crue ; elle vous a dit : Homme, choisissez une femme. Vous avez obéi, & vous avez très-bien fait. Vous avez pris une belle & digne

époufe ; la penfée & le fentiment ont fanctionné un choix que le bon goût demandoit. Miniftre Proteftant, vous êtes donc fage, vous êtes donc heureux !... Et nous Prêtres Catholiques, nous Romains ifolés, où fommes-nous avec notre vœu ? Nous fommes dans le délire & dans le malheur ; infenfés & coupables, nous prenons l'erreur pour de la raifon, de la dépravation pour des mœurs, du facrilège pour de la religion ; malheureux, nous fommes exclus du royaume de la nature, nous fommes privés des charmes innocens de l'amitié conjugale. Roi de l'homme, tu fai te venger d'une telle offenfe ! Écoutons ici J. J. Rouffeau, dont l'autorité ne fouffre fur cet article aucune réplique : « difons tout, &, s'il eft néceffaire,
» facrifions tout au véritable amour de la vertu ; l'homme n'eft
» pas fait pour le célibat : il eft bien difficile qu'un état fi con-
» traire à la nature n'amène pas quelque défordre public ou
» caché : le moyen d'échapper toujours à l'ennemi qu'on porte
» fans ceffe avec foi ! Voyez, en France fur-tout, ces témé-
» raires, ces malheureux qui font vœu de n'être pas hommes :
» pour les punir d'avoir tenté Dieu, Dieu les abandonne ; ils
» fe difent faints, & ils font déshonnêtes ! leur feinte conti-
» nence n'eft que fouillure, & pour avoir dédaigné l'humanité,
» ils s'abaiffent au-deffous d'elle. Je comprends qu'il en coûte
» peu de fe rendre difficile fur des loix qu'on n'obferve qu'en
» apparence ; mais celui qui veut être fincérement vertueux, fe
» fent affez chargé des devoirs de l'homme, fans s'en impofer
» de nouveaux. Il eft des hommes continens fans mérite, d'au-
» tres le font par vertu, & je ne doute pas que quelques Prêtres
» catholiques ne foient dans ce dernier cas : mais impofer le
» célibat à un Corps auffi nombreux que le Clergé de l'Eglife
» Romaine, ce n'eft pas tant lui défendre de n'avoir pas des
» femmes, que lui ordonner de fe contenter de celles d'autrui :
» je fuis furpris que dans tout pays où les bonnes mœurs font
» encore en eftime, les loix & les Magiftrats tolèrent un vœu
» fi fcandaleux. »
  Les vrais fages en font tous très-furpris, ils en gémiffent très-amèrement. Quel vœu que celui du Clergé de France, grand Dieu ! il faut toute votre miféricorde pour le lui pardonner. Vœu de continence, vœu infenfé, facrilège, fcandaleux, anti-focial, vœu barbare, vœu conféquemment nul, abfolument nul.

  Vœu infenfé. Qu'on le demande au bon fens ; le bon fens

dira qu'il réprouve tout ce que réprouve la sainte nature ; il dira que telles & telles facultés physiques & morales sont données à l'homme par le Créateur précisément pour la procréation de son semblable, & que celui qui s'y refuse par vœu, est un fou, un fou que l'on a abusé dans un séminaire, ou dans un cloître, & qui continue de s'aveugler.

Vœu sacrilège. Dès le commencement du monde, la religion a intimé à l'homme ce commandement du Créateur : *Crois & multiplie*. Notre croissance est faite ; pourquoi ne pas multiplier ? Dès l'origine du Christianisme, la religion nous a répété cet ordre céleste : Evêques, Prêtres, Diacres, soyez chastes, ayez une femme, n'en ayez qu'une. A-t-on bien obéi ? n'a-t-on pas méprisé cette ordonnance si imposante ? ne s'est-on pas élevé contre le ciel ? Sacrilège détestable ! Ah ! si J. C. revenoit parmi nous, lui qui aimoit tant l'humanité, quelle seroit sa surprise de nous voir & contre l'humanité & au-dessous de l'humanité ! Dans un tel désordre reconnoîtroit-il ses disciples ? Assurément non ; il diroit aux uns : « Votre perfection est une chimère, » elle est un crime ; vous ne connoissez pas encore la volonté » de votre maître : aux autres, votre libertinage est pour moi » une croix plus pesante que celle que j'ai portée ; à tous, je » ne vous connois pas ; vous m'êtes étrangers. Sacrilèges, vous » mériteriez que je vous chasse de mon temple, le fouet à la » main ; mais non, je suis doux, j'ai pitié de vous ; changez, » soyez de dignes époux, élevez de dignes enfans, ornez en » mon sanctuaire, alors je vous recevrai, je vous embrasserai » de bon cœur, vous & vos aimables enfans. » Voici une réflexion qui m'a toujours frappé : la religion chrétienne est la loi du véritable amour, puisqu'elle inspire celui de son auteur. Eh bien ! lequel est pénétré de cet amour céleste, ou un célibataire ecclésiastique, ou un bon père de famille ? Certainement c'est le père de famille, la raison en est bien simple ; ce brave homme chérit sa femme, il chérit ses enfans, il nourrit cet amour par les soins sublimes de la paternité. Cet amour dans lui est l'accomplissement de la volonté de Dieu, & l'accomplissement de cette volonté n'est-il pas le vrai, le franc amour de Dieu ? Oui, personne sur la terre n'aime Dieu aussi sincèrement, aussi constamment qu'un bon père. Aimez votre femme, aimez vos enfans, & je réponds de votre tendresse pour Dieu. Qui repose chastement sur le sein d'une digne épouse, passe aisément dans le sein de la divinité. Mais en général, qui sont ceux qui aiment moins Dieu , ou qui ne l'aiment pas du tout , & qui l'offenſent le plus ? Ce ſont les Prêtres ; le vœu qu'ils font eſt un de ces ſouffles peſtilens qui deſſéche , qui détruit tout dans l'homme , l'homme ! le ſanctuaire de la divinité. Jugez du ſacrilège , jugez-en , mais ne le ſouffrez plus . reſpectables Députés , expiez-le par un prompt Décret que notre bon Roi , l'ami des mœurs , s'empreſſera de ſanctionner. (1)

Vœu ſcandaleux. Pour compter les ſcandales qui en ſont le fruit , il faut du courage ; je ne l'ai pas , il vaut mieux les pardonner que de les calculer. Si je suis coupable , je me mets le premier à genoux , j'invoque le pardon ; mais tout en l'invoquant , je déclare fierement que ce mal n'a jamais approché de mon cœur ; je déclare encore bien ingénument que je deſire beaucoup ce doux remède du mariage , ce préſervatif du ſcandale , le grand moyen de ramener les mœurs ; oui , le mariage , ſur-tout le mariage des Prêtres , ou point de mœurs , & ſans mœurs , rien. L'Eccléſiaſtique qui oſe dire le contraire , n'eſt pas de bonne foi , c'eſt un fourbe.

Vœu anti-ſocial. Que dit la voix de la ſociété ? Citoyens, uniſſez tout , eſprits , cœurs , corps , fortunes , travaux , force , larmes , peines , ris , plaiſirs , mariez tout dans l'ordre , voilà la vraie politique ; la contraire eſt inconſtitutionnelle , elle eſt indigne du caractère communicatif des François ; c'eſt celle du vœu eccléſiaſtique.

Noſſeigneurs ! l'ariſtocratie oſe dire que vous en voulez à la France , parce que , dit-elle , vous tuez le Clergé. Vous tuez le Clergé ! . . . au contraire , vous allez le vivifier d'une bonne manière par la poſtérité la plus intéreſſante..

Vœu barbare. Il contriſte les inclinations les plus vertueuſes, il flétrit les cœurs heureuſement nés. Voyez un Prêtre qui a le bohheur d'être doué d'un beau moral & d'un phyſique bien conſtitué ; qu'il en trouve antant dans une perſonne de l'autre ſexe , qu'il y réfléchiſſe , qu'il contemple , le voilà pris , peut-il s'en défendre ? Son imagination , ſa penſée , ſon cœur , les penchans , les beſoins ſexuels , tout le captive , tout lui dit , en

____

(1) Mais à quelle puiſſance l'auguſte Aſſemblée nous enverra-t-elle pour nous faire relever de notre vœu ? à quelle puiſſance ! eſt-ce que l'homme ne peut pas dire à ſon ſemblable : ſois homme comme moi , marie-toi. Il faudroit donc aller à Rome. Mais avec le Paris d'aujourd'hui ne pourroit-on pas ſe paſſer de Rome ? Dans cette ſainte Cour on ne finit rien , les affaires y vont ſi lentement , ſi lentement. . . . & notre mariage eſt ſi preſſé ! . . . & moi , en particulier , comme l'un des Aumôniers de l'Armée Pariſienne , je ſuis ſi preſſé , ſi preſſé de lui donner un bon ſoldat !

lui montrant cette sage beauté, voilà la chair de ta chair, voilà les os de tes os. Cette voix toute-puissante forme dans lui un torrent, peu à peu ce torrent s'augmente ; il est prêt à éclater ; le vœu a beau crier, arrête, arrête ; la digue est renversée, & les eaux font grand ravage ! Que n'ouvroit-on cette digue tout doucement, il auroit paru au milieu de nous un fleuve majestueux, bienfaisant, qui auroit ramené l'ordre avec la fécondité : mais non, ainsi l'a décidé la barbarie : non, jeune lévite ; Prêtre vertueux, tu ne jouiras pas de ce que t'offre la sagesse ; pense, médite, contemple, aime, imagine, mais tais toi ; aime, mais contiens-toi ; reste enseveli dans le tombeau où je t'ai précipité, après t'avoir endormi ; l'amour honnête t'appelle, mais respecte ma chaîne ; si tu ose la secouer, tu es un sacrilège ; malheureux, meurs, ou languis…. Décideroit-on ainsi chez les peuples les plus féroces ? Non, cet arrêt n'appartient qu'au bigotisme, au despotisme sacerdotal ; que dis je, n'est-ce pas le libertinage qui l'a porté ?

Heureusement pour nous, nous n'avons dans l'Assemblée Nationale ni bigots, ni despotes, ni dissolus ; nous aimons à le croire ; ce sont de sages, de vrais philosophes ; ils sont nos amis, nos vengeurs : ils nous ont déclarés citoyens, ils vont maintenant proclamer nos noces ; les augustes Députés ne sont pas faits pour s'arrêter en si beau chemin.

Déja j'entends sortir de la bouche du vrai sage qui préside, cette vérité éternelle : *Vel duo, vel nemo,* ou deux époux, ou personne, deux époux exclusivement, ou personne, exclusivement deux, ou la société, & la nature en pleurs. Oui, deux dignes époux, ou rien dans la société, rien dans la nature !… la nature elle-même en dissolution… Augustes représentans cette vérité vivement sentie m'a fait verser des larmes, voyez ma chaîne, elle est encore toute mouillée ; j'en verserai encore, si vous ne déclarez dans cette légisature ce qui est éternellement vrai. Qui vous arrêteroit ? Le préjugé ? Vous en avez déja tant abattus, pourquoi ne pas détruire celui ci ? La multiplicité de nos fonctions ? Nous ferons quelques processions de moins ; d'ailleurs un Prêtre vraiment religieux sait calculer son tems, il en trouve toujours assez pour rendre dignement à l'Etre suprême le culte qui lui est dû. Seroit-ce la sainteté de ces fonctions ? Eh ! rien n'est si sacré, si sublime que le mariage, rien n'est si sublime que les soins des familles. Seroit-ce la pauvreté ou ses suites ? La redoute qui voudra, je ne la crains pas. Si mon bénéfice est insuffisant, j'ai des bras, ils sont nerveux, je travaillerai, ma femme travaillera, mes enfans apprendront à travailler, & nous vivrons laborieux & honorables, nous vivrons vertueux ; sortant du travail, nous n'en retournerons au sanctuaire qu'avec plus d'ardeur, avec plus de plaisir.

Nosseigneurs, nos vrais amis, je n'aurois que du pain & de l'eau, je serai heureux, si vous déclarez que je peux avoir une femme : mon cœur l'a choisie. Pourquoi arrêter ma main ? sa sagesse me la demande, je ne puis la lui refuser. Comme je ne suis pas un Ange, je cède sagement au vœu de la bonne nature, *vel duo*, *vel nemo* ; je ne vous demande que ce qu'exige la sagesse. je vous la demande donc avec honneur, *vel duo*, *vel nemo*. Sorbonne, prends tes fourrures, assemble-toi, & prononce, censure, si tu veux, excommunie, anathématise, je ne crains point ta foudre. *Vel duo*, *vel nemo*, voilà la seule thèse que je te présente, elle est sacrée, elle est sublime ! si tu oses la déchirer, le Roi de la nature te condamne, & il m'approuve ; avec son approbation, je me passerai de la tienne.

Ministre vraiment respectable, les Prêtres catholiques qui aiment sincèrement l'ordre, réclament votre intercession, ils vous demandent des noces ; vous parlez avec tant de sagesse, tant d'intérêt, parlez donc pour nous, & l'auguste Assemblée vous exaucera.

J'ai l'honneur d'être avec la vénération que vous méritez, & avec la douce confiance que vous immortaliserez votre présidence en décidant vos chers co-Députés au Decret honorable de notre mariage,

Votre très-humble & très-obéissant serviteur,

L'Abbé BERNET DE BOISLORETTE, Aumônier de la Garde Nationale Parisienne.